AF523880

Sauerkraut Kochbuch

Die leckersten Sauerkraut Rezepte für jeden Geschmack und Anlass

Cornelia Lameyer

Email: info@edition-lunerion.de
www.edition-lunerion.de

Psiana eCom UG
Berumer Str. 44
26844 Jemgum

Vorwort

Sprichwörtlich, legendär und mittlerweile rund um den Globus berühmt: Das Sauerkraut als nationale Spezialität hat sich einen derart weitreichenden Ruf erarbeitet, dass man die Deutschen im Ausland sogar als „Krauts“ bezeichnet – und tatsächlich ist die Weißkohl-Leckerei aus der hiesigen Küche nicht wegzudenken. Wenn Sie die Köstlichkeit nun aber nicht immer nur zu Schweinshaxe und Bratwurst servieren möchten, dann zeigt dieses kreative Rezeptbuch Ihnen, wie Sie das Sauerkraut von einer völlig neuen Seite kennenlernen! Ballaststoffreich, kalorienarm, dank Milchsäuregärung ein wahres Darmgesundheitswunder und noch dazu spottbillig: Sauerkraut lässt kaum einen Ernährungs-Joker aus und punktet darüber hinaus mit herrlich säuerlichem Aroma und verblüffender Vielfältigkeit!

Guten Appetit!

INHALT

International 66

Fingerfood/Snacks 80

Wissenswertes

Folgendes Kochbuch soll Ihnen neue Seiten des Sauerkrauts aufzeigen. So erfahren Sie etwas über die Geschichte des fermentierten Krauts, über seine gesundheitlichen Vorteile und darüber, wie es hergestellt wird. Hier finden Sie auch ein Basis-Grundrezept für Sauerkraut. Anschließend gibt es eine bunte Rezeptvielfalt von Sauerkraut auf dem Frühstückstisch über Hauptgerichte bis hin zu Snacks und internationalen, traditionellen Gerichten. Aber auch ein paar Desserts und interessante Rezepte für Getränke mit Sauerkrautsaft sind in diesem Kochbuch enthalten.

GESCHICHTE

Sauerkraut ist zunächst einmal Weißkohl, welcher durch eine Gärung mit Milchsäurebakterien konserviert wird. Als gedünstetes Sauerkraut wird es in den meisten Gerichten als Beilage serviert. Diese Form der Konservierung ist sehr alt und zudem auf der ganzen Welt anzutreffen. Von Griechenland bis China – überall war eingelegter Weißkohl bekannt.
Das koreanische *Kimchi* war schon im 7. Jahrhundert zubereitet worden. Der Unterschied zum europäischen Sauerkraut besteht darin, dass Chinakohl und asiatische Gewürze genutzt werden. Vorzugsweise wird es in den ost- und mitteleuropäischen Ländern verzehrt.

Sauerkraut wird weltweit oft als typisches deutsches Gericht genannt. Einwanderer aber brachten Sauerkraut in alle Teile der Welt. Es stimmt jedoch, dass das Sauerkraut eine lange Tradition in der deutschen Küche hat, und dies durch alle Bevölkerungsschichten. Es war zum einen preisgünstig, aber auch vitaminreich, nahrhaft und hat ein besonderes Aroma. In den Weltkriegen galt Sauerkraut auf weiten Märschen als gute Stärkung, sodass Alliierte den Deutschen einen Spitznamen gaben – *the krauts*.

Allerdings hat sich das Sauerkraut auch in anderen Ländern in traditionellen Gerichten manifestiert. So gibt es im Elsass das *Choucroute*, Sauerkraut mit Speck und Wurst, in Polen das *Bigos*, eine Art Eintopf. In Ungarn serviert man Sauerkraut mit Rahm und Paprika und selbst in China wird Kraut fermentiert, dies nennt sich *Kimchi*. In Amerika genießt man Kraut gerne als *Coleslaw*.

GESUNDHEIT

Reich an Vitamin C ist Sauerkraut super gesund. Durch die Milchsäure kann Sauerkraut sehr lange haltbar gemacht werden. Bei Seefahrern war Sauerkraut wichtiger Proviant, der vor Skorbut geschützt hat. Zudem besitzt das Kraut viele Ballaststoffe, was wiederum dem Darm und der Verdauung zugutekommt. Hinzu kommt, dass das Sauerkraut so gut wie kalorienarm ist. Somit ist das Kraut für die Gesundheit als auch die Figur ein Wunder-Gemüse.

Neben Vitamin C bietet Sauerkraut viel Vitamin A, B, Milchsäure und Mineralstoffe. Somit ist es für den Winter ein wichtiger Vitamin-Lieferant und gut für das Immunsystem. Aufgrund seines hohen Histamingehaltes kann es hier bei Unverträglichkeiten allerdings zu gesundheitlichen Nebenwirkungen kommen.

Sauerkraut wird gerne mit eher deftigen Lebensmitteln genossen – Kasseler, Schweinshaxe oder Würste. Durch seine wenigen Kalorien eignet sich Sauerkraut aber auch super für eine vegane Ernährung und als Rohkost. Mit Äpfeln, Trauben oder Orangen, aber auch Möhren oder Fenchel wird es ein gesunder Salat.

HERSTELLUNG

Sauerkraut wird aus Weißkohl hergestellt. Man entfernt den Strunk und hobelt das Kraut in dünne Streifen. Anschließend kommt das Kraut mit Salz in einen Topf und entzieht die Flüssigkeit. Mit einem Krautstampfer kann Zellsaft austreten, welcher das komplette Kraut bedeckt. Sowohl die im Weißkohl vorhandenen Milchsäurebakterien als auch die in der Luft vorhandenen lassen das Kraut gären. Das Kraut muss stets ganz bedeckt sein, da es sonst schimmeln könnte. Daher muss vielleicht hin und wieder etwas Salzlake nachgefüllt werden.

GRUNDREZEPT: SAUERKRAUT

3 kg 30 Min. Leicht

Zutaten

60 g Kristallsalz
3 kg Weißkohl
1 Einmachglas für 3 kg Sauerkraut

Nährwerte p. P.

903 kcal
126 g Kohlenhydrate
42 g Eiweiß
6 g Fett

1 Den Kohl gut waschen und dann hobeln, alternativ händisch in Streifen schneiden. Hierbei ein ganzes Kohlblatt auf die Seite legen. Mit diesem wird das Sauerkraut nachher abgedeckt.

2 Die Kohlstreifen mit 60 g Salz vermischen und gut durchkneten, sodass Flüssigkeit heraustritt. Die gesamte Masse in das Glas füllen und mit der Faust ordentlich hineindrücken. Das Sauerkraut soll von der Flüssigkeit gänzlich bedeckt sein.

3 Das übrige Kohlblatt auf das Kraut legen und eine kleine Schale draufpressen. Auch diese sollte mit der Flüssigkeit gänzlich bedeckt sein. Das Glas verschließen.

4 Eine Woche nun bei Zimmertemperatur ziehen lassen. Täglich öffnen und Gase entweichen lassen. Bei unzureichender Flüssigkeit mit Salzwasser auffüllen.

5 Weitere 14 Tage an einem kühlen Ort reifen lassen.

Frühstück

SAUERKRAUT-MÜSLI

4 Port.

40 Min.

Leicht

Zutaten

125 g saure Sahne
125 g Crème fraîche
1 grob geriebener Apfel
Prise Zucker
250 g Sauerkraut
10 g gehackte Walnüsse
1 kleine Banane, gewürfelt
20 g Rosinen
1 Möhre, in Scheiben geschnitten

Nährwerte p. P.

236 kcal
23 g Kohlenhydrate
4 g Eiweiß
13 g Fett

1 Die Crème fraîche glatt rühren und Zucker und saure Sahne dazugeben.

2 Die Bananenwürfel mit den Nüssen, den Rosinen, dem Apfel, den Möhrenscheiben und dem Sauerkraut dazugeben und gut vermengen.

3 Für 30 Minuten in den Kühlschrank stellen.

4 Mit Knäckebrot servieren.

SAUERKRAUT-BAGEL

4 Port.

15 Min.

Leicht

Zutaten

1 TL Orangenpfeffer
300 g Lachsfilet
150 g Sauerkraut
1 EL Rapsöl
4 getrocknete Feigen
80 g Frischkäse
4 Bagels

Nährwerte p. P.

570 kcal
63 g Kohlenhydrate
26 g Eiweiß
22 g Fett

1 Den Fisch mit Orangenpfeffer würzen.

2 Öl in einer Pfanne erhitzen und den Lachs darin rundherum anbraten und anschließend warm halten.

3 Die Feigen in kleine Stücke schneiden. Das Sauerkraut gut ausdrücken und die Feigen unterheben. Die Bagels waagerecht halbieren. Sowohl den oberen als auch den unteren Teil des Bagels mit Frischkäse bestreichen. Auf das untere Bagelstück Sauerkraut legen. Den Fisch kleinzupfen und auf das Sauerkraut legen. Das andere Bagelstück auflegen.

DINKELBOWL MIT SAUERKRAUT

3 Port. 35 Min. Leicht

Zutaten

100 g saure Sahne
100 g Dinkelkörner
170 g Ananas
12 Scheiben Speck
400 g Sauerkraut
4 EL Schnittlauch
3 EL Olivenöl
Salz und Pfeffer
½ TL Oregano

Nährwerte p. P.

542 kcal
35 g Kohlenhydrate
16 g Eiweiß
34 g Fett

1 200 ml Wasser zum Kochen bringen und ein wenig Salz dazugeben. Dinkelkörner bei geschlossenem Deckel und mittlerer Hitze für 16 Minuten aufquellen lassen. In einem Sieb abtropfen und auskühlen lassen.

2 Das Sauerkraut ausdrücken, die geschälte Ananas in dünne Scheiben schneiden.

3 Den Speck in eine Pfanne legen und ohne Fett kross anbraten. Anschließend auf einem Küchenpapier abtropfen lassen.

4 Die Sahne mit Salz und Pfeffer würzen. Die Dinkelkörner mit Oregano, Pfeffer, Salz und Olivenöl verrühren und auf die Schalen verteilen. Die saure Sahne dazugeben. Ananas, Speck und Sauerkraut darum drapieren und mit Schnittlauch bestreuen.

SAUERKRAUTBROT

1 Port. 2 Std. Leicht

Zutaten

1 Würfel frische Hefe
600 g Vollkorn-Weizenmehl
1 TL Zucker
1 Dose Sauerkraut (314 ml)
1 TL Kümmel
50 g Schinkenwürfel
Salz

Nährwerte p. P.

1047 kcal
182 g Kohlenhydrate
41 g Eiweiß
8 g Fett

1 Die Hefe in kleine Stücke bröckeln und mit 100 ml Wasser und Zucker auflösen. Das Mehl in der Schüssel mittig eindrücken, sodass eine Mulde entsteht. In diese Mulde die aufgelöste Hefe geben. Ein wenig Mehl vom Rand zum Verrühren nutzen und für 20 Minuten gehen lassen.

2 Das Sauerkraut gut ausdrücken und klein schneiden. Die Schinkenwürfel ohne Zugabe von Öl in einer Pfanne anbraten. Kümmel und Sauerkraut hinzugeben und mitdünsten. Anschließend gut auskühlen lassen.

3 Zum Vorteig das Sauerkraut, Salz und 300 ml lauwarmes Wasser dazugeben. Mit den Knethaken einen Teig herstellen. Abdecken und erneut 30 Minuten aufgehen lassen.

4 Den Backofen bei Ober-/Unterhitze auf 200 °C vorheizen.

5 Den Teig noch einmal kräftig durchkneten und 2 Laibe daraus formen. Ein Backblech mit Backpapier auslegen und die Laibe darauflegen und 30 Minuten stehen lassen.

6 Die Brote 50-60 Minuten backen.

SAUERKRAUT-PANCAKES

 2 Port.

 25 Min.

 Leicht

Zutaten

250 g Mehl
100 ml Wasser
400 ml Sojadrink
400 g Sauerkraut
1 EL Leinsamenmehl
Öl
Salz und Pfeffer

Nährwerte p. P.

528 kcal
94 g Kohlenhydrate
20 g Eiweiß
4 g Fett

1 Das Wasser mit dem Leinsamenmehl verrühren und stehen lassen.

2 Sauerkraut, Mehl, Leinsamenmehl-Mix, Sojadrink, Salz und Pfeffer miteinander verrühren.

3 1 EL Öl in einer Pfanne erhitzen, 2 Teigkleckse hineingeben und mit dem Löffel zu kleinen Pancake ausstreichen. Beidseitig anbraten und die fertigen Pfannkuchen in den Backofen stellen, um sie warmzuhalten.

SAUERKRAUT-OMELETT

1 Port.

10 Min.

Leicht

Zutaten

2-3 Eier
1-2 Schalotten, gehackt
100 g Sauerkraut
Salz
Olivenöl
Gemüsebrühe
1-2 EL Sahne

Nährwerte p. P.

188 kcal
18 g Kohlenhydrate
10 g Eiweiß
7 g Fett

1 Die Schalotten in heißem Öl andünsten. Etwas Salz darübergeben.

2 Das Sauerkraut dazugeben und unter stetigem Rühren anbraten. Sollte es zu trocken werden, einfach ein wenig Gemüsebrühe dazugießen.

3 Nach 7 Minuten 1-2 Löffel Sahne unterrühren. Die Eier hineinschlagen und stocken lassen.

RÜHREI MIT SAUERKRAUT

1 Port. 25 Min. Leicht

Zutaten

150 g Sauerkraut
2 Eier
Prise Salz und Pfeffer
1 Zwiebel
50 g Speckwürfel
Parmesan
Kümmel
Butter (zum Braten)

Nährwerte p. P.

170 kcal
3 g Kohlenhydrate
10 g Eiweiß
12 g Fett

1 Das Sauerkraut nach Anweisung zubereiten.

2 Zwiebel fein hacken und mit dem Speck in Butter auslassen. Das Kraut dazugeben und ein wenig karamellisieren lassen.

3 Die Hitze auf mittlere Stufe herunterdrehen und die Eier hineinschlagen. Zum Rührei verquirlen, mit Parmesan abschmecken.

4 Salzen und pfeffern, nach Bedarf Kümmel dazugeben.

Salate

SAUERKRAUTSALAT

4 Port.

1 Std.
10 Min.

Leicht

Zutaten

1 Möhre
500 g Sauerkraut
1 kleine Zwiebel
1 kl. Bund Petersilie
2 EL Öl
1 Apfel
Etwas Zucker

Nährwerte p. P.

85 kcal
8 g Kohlenhydrate
2 g Eiweiß
4 g Fett

1 Apfel und Möhre schälen und fein raspeln. Mit Sauerkraut vermengen.

2 Die Zwiebel schälen und in kleine Würfel schneiden. Den Bund Petersilie fein hacken. Zwiebel und Petersilie zum Sauerkraut geben.

3 2 EL Öl unterrühren und mit Zucker abschmecken.

4 1 Stunde ziehen lassen.

VERSTECKTES SAUERKRAUT

 4 Port.

 1 Std. 15 Min.

 Leicht

Zutaten

125 ml Milch
500 g Kartoffeln
500 g Sauerkraut
250 g Mehl
100 g Speck
Schuss Öl
1 Zwiebel
Prise Kümmel, Salz, Pfeffer, Muskat
1 EL Butter
40 g Semmelbrösel
1 Ei
1 Lorbeerblatt

Nährwerte p. P.

468 kcal
76 g Kohlenhydrate
17 g Eiweiß
7 g Fett

1 Die geschälte Zwiebel fein hacken und in Öl andünsten. Den Speck hinzufügen, Sauerkraut, Lorbeerblatt, Pfeffer und Kümmel untermengen. Mit etwas Wasser 15 Minuten dünsten. Anschließend abseihen.

2 Die Kartoffeln ungeschält kochen, abkühlen lassen und schälen. Dann durch eine Presse drücken und mit Mehl, Salz, Muskat, Ei und Milch vermengen. 2 cm dick ausrollen.

3 Die Auflaufform mit Butter einfetten und mit Semmelbröseln bestreuen. Den ausgerollten Teig hineinlegen. Das Sauerkraut darauf verteilen und den Kartoffelteig wie einen Deckel daraufgeben.

4 Ein paar Butterflocken abschließend darüber verteilen und 45 Minuten bei 180 °C mit nur Oberhitze backen.

ROTE-BETE-SAUERKRAUT-SALAT

4 Port.

25 Min.

Leicht

Zutaten

½ Bund Schnittlauch
2 Zwiebeln
3 Kugeln Rote Bete, gekocht
3 EL Öl
Salz und Pfeffer
500 g Sauerkraut
Zucker
Muskat

Nährwerte p. P.

150 kcal
16 g Kohlenhydrate
5 g Eiweiß
6 g Fett

1 Das Sauerkraut ausdrücken und etwas klein schneiden.

2 Die Rote-Bete-Kugeln reiben und die geschälten Zwiebeln fein würfeln. Den Schnittlauch in Röllchen schneiden.

3 Alles miteinander vermengen und mit Zucker, Muskat, Salz und Pfeffer würzen. Schnittlauch dazugeben, 2-3 EL Öl untermengen und alles gut vermischen.

ANANAS-SAUERKRAUT-SALAT

4 Port.

25 Min.

Leicht

Zutaten

½ Ananas
700 g Sauerkraut
4 EL Olivenöl
1 rote Chili
Prise Rohrzucker
6 Prisen schwarzer Pfeffer
0,3 TL Salz
2 EL Kokosblütensirup
Bund Koriander

Nährwerte p. P.

427 kcal
28 g Kohlenhydrate
4 g Eiweiß
31 g Fett

1 Das Sauerkraut abtropfen lassen, die Schale von der Ananas entfernen, Ananas achteln und den Strunk entfernen. Die Ananas dann in mundgerechte Stücke schneiden.

2 Die Ananasstücke mit Pfeffer, Salz und Zucker vermengen. 10 Minuten ziehen lassen.

3 Die Chili halbieren, entkernen und fein hacken. Korianderblätter grob hacken. Die Korianderstiele und Chilistückchen unter die Ananas mischen.

4 Das Sauerkraut etwas klein schneiden und ebenfalls zu den Ananasstücken geben.

5 Kokosblütensirup und Olivenöl dazugeben und sehr gut verrühren. Salzen und pfeffern und die Korianderblätter darüberstreuen.

FENCHEL-SAUERKRAUT-SALAT

4 Port.

1 Std.
20 Min.

Leicht

Zutaten

1 reife Mango
150 ml Apfelsaft
Salz und Pfeffer
2 TL Limettencurry
40 g kandierter Ingwer
Bund Schnittlauch
25 g Pistazienkerne
1 Fenchel
6 EL Pistazienöl
350 g Sauerkraut

Nährwerte p. P.

292 kcal
24 g Kohlenhydrate
4 g Eiweiß
19 g Fett

1 Apfelsaft erhitzen, bis 6 EL eingekocht sind. Currypulver, ein bisschen Salz und Pfeffer dazugeben und Pistazienöl untermischen.

2 Den Fenchel vom Grün befreien, Strunk entfernen und in Scheiben hobeln. 1 TL Salz dazugeben und mit den Händen vermengen. Das Fenchelgrün hacken und dazugeben. Sauerkraut lockern und mit dem Fenchel vermischen. Die Currysauce dazugeben.

3 Die Mango in 1 cm große Würfel schneiden. Die Pistazien und den Ingwer fein hacken. Mango, Ingwer und Pistazien zum Salat geben. 30 Minuten ziehen lassen.

4 Schnittlauch fein schneiden und zum Salat geben.

APFEL-SAUERKRAUT-SALAT

4 Port. 25 Min. Mittel

Zutaten

3 kleine Äpfel
2 EL Apfelessig
2 EL Traubenkernöl
Salz und Pfeffer
2-3 TL Ahornsirup
75 g Walnusskerne
1 EL Zitronensaft
2 Lauchzwiebeln
150 g Räuchertofu
1 EL Sonnenblumenöl
250 g Sauerkraut
1 Radicchio

Nährwerte p. P.

290 kcal
14 g Kohlenhydrate
8 g Eiweiß
22 g Fett

1 Salz, Pfeffer und Apfelessig verrühren. Die beiden Öle dazugeben und Ahornsirup ebenfalls unterrühren.

2 Die gewaschenen Äpfel entkernen und in feine Scheiben schneiden. Zitronensaft darüberträufeln.

3 Den Radicchio ebenfalls fein schneiden, die Nüsse hacken und das Sauerkraut waschen und gut ausdrücken. Die Lauchzwiebeln schräg in Stücke schneiden.

4 Den Tofu klein schneiden. Öl in einer Pfanne erhitzen und den Tofu mit den Walnüssen anrösten. Die Lauchzwiebeln, den Radicchio, das Sauerkraut und die Äpfel zum Dressing geben. Durchmischen und mit Salz und Pfeffer würzen.

ORANGEN-INGWER-SAUERKRAUT-SALAT

4 Port.

15 Min.

Leicht

Zutaten

½ Becher Sauerrahm
400 g Sauerkraut
3 EL Zitronensaft
Prise Ingwer
1 TL Honig
1 Orange
1 Apfel

Nährwerte p. P.

111 kcal
11 g Kohlenhydrate
2 g Eiweiß
5 g Fett

1 Das Sauerkraut klein schneiden. Die geschälte Orange in Stücke schneiden, den gewaschenen Apfel entkernen und würfeln.

2 Zitronensaft mit Sauerrahm, Ingwer und Honig vermengen.

3 Alle Bestandteile miteinander verrühren.

SCHINKEN-SAUERKRAUT-SALAT

2 Port.

20 Min.

Leicht

Zutaten

4 EL Öl
500 g Sauerkraut
2 Äpfel
150 g Schinken
Prise Zucker
Prise Salz
1 Zwiebel
3 EL Essig

Nährwerte p. P.

192 kcal
10 g Kohlenhydrate
9 g Eiweiß
11 g Fett

1 Das Sauerkraut ein wenig zerkleinern und in einen Topf geben. Ein wenig Wasser hinzufügen und das Kraut dünsten. Anschließend abseihen und abkühlen lassen.

2 Die geschälte Zwiebel in Ringe schneiden, die gewaschenen Äpfel grob reiben und den Schinken in kleine Würfel schneiden.

3 Zucker, Salz, Essig und Öl zu einer Marinade verrühren und den Salat damit anmachen.

SELLERIE-SAUERKRAUT-SALAT

2 Port.

20 Min.

Leicht

Zutaten

200 g Sauerkraut
½ Stange Sellerie
Prise Salz
½ Apfel
½ Becher Schlagobers

Nährwerte p. P.

259 kcal
10 g Kohlenhydrate
5 g Eiweiß
20 g Fett

1 Den Sellerie und den Apfel reiben, das Sauerkraut klein schneiden und alles vermengen.

2 Das Schlagobers mit Salz abschmecken und in den Salat geben.

Suppen

SAUERKRAUTSUPPE

4 Port.

45 Min.

Leicht

Zutaten

2 EL Tomatenmark
2 Knoblauchzehen
2 Zwiebeln
1 l klare Suppe
1 TL Majoran
½ Becher Sauerrahm
Prise Salz
500 g Sauerkraut
1 EL Paprikapulver, edelsüß
150 g Speckwürfel
2 EL Öl

Nährwerte p. P.

420 kcal
13 g Kohlenhydrate
4 g Eiweiß
36 g Fett

1 Knoblauch und Zwiebeln schälen und ganz fein hacken. Das Sauerkraut etwas zerkleinern.

2 Das Öl in einem Topf erhitzen. Knoblauch, Zwiebeln und Speck andünsten. Tomatenmark, Paprikapulver und Sauerkraut dazugeben und mit der klaren Suppe aufgießen.

3 Würzen und 20 Minuten dünsten. Vor dem Servieren den Sauerrahm dazugeben.

SAUERKAUT-RAHMSUPPE MIT BREZEL-WÜRFELN

4 Port.

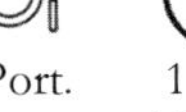
1 Std. 10 Min.

Leicht

Zutaten

150 g Möhren
1 Beutel Sauerkraut
1,25 l Gemüsebrühe
3 EL Butter
200 g Zwiebeln
150 ml Schlagsahne
3 EL Öl
Salz und Pfeffer
80 g Bergkäse
½ Bund Schnittlauch
4 Champignons
2 Laugenbrezeln

Nährwerte p. P.

552 kcal
28 g Kohlenhydrate
14 g Eiweiß
36 g Fett

1 Sauerkraut ausdrücken und 100 g zur Seite stellen. Das übrige Sauerkraut klein schneiden. Die Möhren schälen und Scheiben daraus schneiden. Die geschälten Zwiebeln fein würfeln.

2 1 EL Öl und 1 EL Butter in einem Topf erhitzen. Die Zwiebeln und Möhren für 3-4 Minuten bei mittlerer Hitze andünsten. Mit Brühe ablöschen und aufkochen lassen. Den Deckel auflegen und 40 Minuten köcheln lassen.

3 Die Brezeln in kleine Stücke schneiden. 2 EL Öl und 1 EL Butter in einer Pfanne erhitzen und die Brezeln anbraten. Auf einem Stück Küchenrolle abtropfen lassen.

4 Die Pilze hobeln und den Schnittlauch schneiden. Den Bergkäse ganz fein reiben. Die Sahne nicht ganz steif schlagen. Die Suppe pürieren und die Sahne unterheben. Mit Salz und Pfeffer abschmecken.

5 Die übrige Butter erhitzen und das übrige Kraut in die Pfanne geben. Kurz anbraten. In Suppenschüsseln verteilen und mit den Brezel-Croûtons garnieren.

BIRNEN-SAUERKRAUT-SALAT

2 Port.

20 Min.

Leicht

Zutaten

2 EL Schmand
3 EL Haselnusskerne in Blättchen
100 ml Apfelsaft
250 g frisches Sauerkraut
½ Bund Schnittlauch
1 mittelreife Birne
Salz und Pfeffer
2 TL Honig
2 EL Rapskernöl
1 EL Zitronensaft

Nährwerte p. P.

370 kcal
25 g Kohlenhydrate
6 g Eiweiß
26 g Fett

1 3 EL Haselnussblättchen ohne Zugabe von Fett in einer Pfanne rösten.

2 Apfelsaft, Zitronensaft, Rapskernöl und Schmand miteinander verrühren. Mit Pfeffer, Salz und Honig abschmecken.

3 Sauerkraut ausdrücken. Die Birne in Viertel schneiden und vom Kerngehäuse entfernen. Anschließend in Scheiben schneiden.

4 Den Schnittlauch in Röllchen schneiden.

5 Die Birne und das Sauerkraut mit dem Dressing vermengen. Den Salat mit Schnittlauch und Haselnüssen garnieren.

SAUERKRAUT-KARTOFFEL-SUPPE

6 Port.

45 Min.

Leicht

Zutaten

2 l Gemüsebrühe
1 rote und 1 gelbe Paprika
1 kg Kartoffeln
250 g Zwiebeln
1 Dose Sauerkraut
5 Stiele Majoran
2 EL Öl
Salz und Pfeffer
1 TL Paprikapulver, edelsüß
½ TL Ingwerpulver
2 rote Chilischoten

Nährwerte p. P.

302 kcal
34 g Kohlenhydrate
5 g Eiweiß
14 g Fett

1 Die Zwiebeln in feine Streifen schneiden. Paprika ebenfalls in Streifen schneiden. Die Kartoffeln schälen und würfeln, die Chilischoten in dünne Ringe schneiden.

2 Einen großen Topf mit 2 EL Öl befüllen und erhitzen. Paprika, Chilis und Zwiebeln darin andünsten und anschließend herausnehmen. In diesem Bratöl die Kartoffeln andünsten. Mit Ingwer, Paprikapulver, Salz und Pfeffer würzen.

3 Das Ganze mit Brühe ablöschen und zum Kochen bringen. 10 Minuten köcheln lassen. Sauerkraut abtropfen lassen und ein wenig klein schneiden. Paprika, Zwiebeln, Chilis und Sauerkraut dazugeben.

4 Erneut 5 Minuten kochen lassen. Majoranblätter in die Suppe geben. Salzen und pfeffern.

PAPRIKA-SAUERKRAUT-SUPPE

 6 Port.  40 Min.  Mittel

Zutaten

20 g Schmalz
50 g Dörrfleisch, fein gewürfelt
1 Zwiebel, gewürfelt
2 Paprika, jeweils 1 rote und 1 grüne, gewürfelt
3 gehackte Knoblauchzehen
1 TL Kümmel
300 g Kartoffeln, gewürfelt
600 g Sauerkraut
300 ml passierte Tomaten
1,5 l Gemüsebrühe
4 Debrecziner-Würstchen, in Scheiben
100 g Sahne
1 EL Zucker
2 EL Ajvar
2 TL Paprikapulver, edelsüß
Salz und Pfeffer

Nährwerte p. P.

1267 kcal
64 g Kohlenhydrate
34 g Eiweiß
92 g Fett

1 Schmalz in einer Pfanne erhitzen und das Dörrfleisch darin anbraten. Knoblauch und Zwiebel dazugeben und andünsten.

2 Die Paprikawürfel dazugeben und ebenfalls andünsten. Paprikapulver darübergeben und verrühren. Die Kartoffeln, das Sauerkraut und die Brühe hineingeben und mit Ajvar und passierten Tomaten auffüllen.

3 Salzen und pfeffern, einen Deckel auflegen und für 15 Minuten köcheln lassen.

4 Mit Sahne und Zucker abschmecken. Kümmel unterrühren. Die Würstchen in die Suppe geben und darin erwärmen.

SAUERKRAUTSUPPE MIT FORELLE

4 Port.

20 Min.

Leicht

Zutaten

2 EL Butter
2 Zwiebeln
300 g Sauerkraut
1 Knoblauchzehe
1 TL Paprikapulver, rosenscharf
1 TL Paprikapulver, edelsüß
1 l Gemüsebrühe
200 g Sahne
1 TL Zucker
250 g geräuchertes Forellenfilet
4 TL saure Sahne
3 TL Meerrettich
½ Bund Schnittlauch
Salz und Pfeffer

Nährwerte p. P.

285 kcal
6 g Kohlenhydrate
14 g Eiweiß
21 g Fett

1 Den geschälten Knoblauch und die Zwiebeln in feine Würfel schneiden. Butter im Topf erhitzen und die Würfelchen darin andünsten.

2 Das Sauerkraut ein wenig klein schneiden und in den Topf geben. Sahne und Brühe darübergeben. Mit den Gewürzen abschmecken. Für 25 Minuten köcheln lassen.

3 Anschließend den Meerrettich hineinrühren.

4 Den Fisch in mundgerechte Würfel schneiden und in die Suppe geben. 5 Minuten garen. Salzen und pfeffern, Schnittlauch klein schneiden.

5 Mit saurer Sahne und Schnittlauch garnieren.

Hauptspeisen mit Fleisch

SAUERKRAUTAUFLAUF

4 Port.

1 Std.

Leicht

Zutaten

4 EL Öl
3 Zwiebeln
2 E, Paprikapulver, edelsüß
400 g Hackfleisch, Rind
Salz und Pfeffer
250 ml Gemüsebrühe
Cayennepfeffer
100 g Schlagsahne
750 g Kartoffeln
150 g Crème fraîche
200 g Feta
500 g Sauerkraut
1 Bund Schnittlauch

Nährwerte p. P.

834 kcal
32 g Kohlenhydrate
35 g Eiweiß
61 g Fett

1 Den Backofen bei Ober-/Unterhitze auf 200 °C vorheizen.

2 Die geschälten Zwiebeln in feine Würfel schneiden und mit etwas Öl in einer Pfanne andünsten. Das Hackfleisch dazugeben und scharf anbraten. Mit Paprikapulver würzen, Sauerkraut untermengen und mit der Brühe ablöschen. 25 Minuten garen lassen. Salzen, pfeffern und mit Cayennepfeffer würzen.

3 Die geschälten Kartoffeln in feine Scheiben schneiden und für 5 Minuten in kochendem Salzwasser blanchieren.

4 Die Auflaufform einfetten und die Hälfte der Kartoffeln darin verteilen. Das Hackfleisch darübergeben und mit den übrigen Kartoffelscheiben belegen. Sahne, Crème fraîche, Salz und Pfeffer vermischen und auf dem Auflauf verteilen. Mit Käse bestreuen. 30 Minuten in den Backofen geben.

5 Schnittlauch klein schneiden und den Auflauf vor dem Servieren damit bestreuen.

SCHUPFNUDEL-HACKFLEISCH-AUFLAUF

4 Port.

20 Min.

Leicht

Zutaten

2 rote Paprika
1 Pck. Schupfnudeln
200 g Schmand
1 Dose Sauerkraut
2 Zwiebeln
400 g gemischtes Hackfleisch
100 ml Milch
2 EL Öl
150 g geriebener Käse
Salz und Pfeffer

Nährwerte p. P.

774 kcal
45 g Kohlenhydrate
39 g Eiweiß
47 g Fett

1 Den Backofen bei Ober-/Unterhitze auf 180 °C vorheizen.

2 Die Paprika in kleine Stücke schneiden. Die geschälten Zwiebeln in feine Ringe schneiden. Das Sauerkraut abtropfen lassen und auspressen.

3 Öl in einer Pfanne erhitzen und das Hackfleisch scharf anbraten. Zwiebeln, Paprika und Schupfnudeln hineingeben und dünsten. Sauerkraut unterheben und alles in eine Auflaufform geben.

4 Milch und Schmand vermengen, salzen und pfeffern und über den Auflauf geben. Käse darüberstreuen und 20-30 Minuten backen.

SAUERKRAUT ASIA STYLE

1 Port.

35 Min.

Leicht

Zutaten

1 Stange Porree
1 kleine Zwiebel
50 ml Ananassaft (aus der Dose)
75 g Mungobohnensprossen
1 Dose Sauerkraut
2 EL Sojasauce
1 Spritze Tabasco
2 EL Öl
2 Scheiben Ananas (aus der Dose)
2 Lammstielkoteletts
Salz und Pfeffer

Nährwerte p. P.

812 kcal
24 g Kohlenhydrate
91 g Eiweiß
33 g Fett

1 Die geschälte Zwiebel in Spalten schneiden. Den Porree gut waschen und feine Streifen daraus schneiden. Die Ananasscheiben in kleine Stücke schneiden.

2 Sauerkraut, Sprossen, Porree, Zwiebeln und Ananasstücke in 1 EL Öl anbraten.

3 Mit Ananassaft ablöschen, Sauerkraut dazugeben und 20 Minuten schmoren lassen. Mit Salz, Tabasco und Sojasauce würzen.

4 Die Lammkoteletts salzen und pfeffern und mit 1 EL Öl in der heißen Pfanne anbraten.

BROT-SCHINKEN-KNÖDEL AUF SAUERKRAUT

1 Port.

1 Std. 45 Min.

Leicht

Zutaten

500 g ausgelöstes Kasselerkotelett
2 Zwiebeln
1 Bund glatte Petersilie
100 g Schinkenwürfel
1 Dose Sauerkraut
5 EL Öl
200 g Schlagsahne
150 g Bergkäse
1 Pck. Kloßteig (halb und halb)
1 Brötchen (vom Vortag)
Pfeffer, Salz, Zucker, Kümmel
Alufolie

Nährwerte p. P.

1548 kcal
39 g Kohlenhydrate
85 g Eiweiß
114 g Fett

1 Die geschälten Zwiebeln in feine Würfel schneiden. Das Fleisch ebenfalls würfeln. In einem Topf 2 EL Öl erhitzen und das Fleisch darin anbraten. Nach 9 Minuten die Hälfte der Zwiebelwürfel dazugeben.

2 Das Sauerkraut ausdrücken und zum Kasseler geben. Mit 1 EL Zucker, Pfeffer, Salz und Kümmel abschmecken. Den Deckel auflegen und 20 Minuten schmoren lassen. Hin und wieder umrühren.

3 Das Brötchen in Würfel schneiden und in 2 EL Öl rösten. Anschließend zur Seite stellen. Erneut 1 EL Öl in der Pfanne erhitzen und die Schinkenwürfel mit den restlichen Zwiebeln für 5 Minuten andünsten.

4 Die Petersilienblätter hacken.

5 Den Backofen bei Ober-/Unterhitze auf 175 °C vorheizen. Die Brotwürfel, den Kloßteig und den Schinkenmix mit der Petersilie verkneten. Die Hände anfeuchten und 12 Knödel formen. Das Sauerkraut in eine Auflaufform füllen.

6 Die Knödel auf dem Sauerkraut platzieren und die Sahne darübergeben. Mit Alufolie zudecken und für 1 Stunde in den Ofen geben.

7 Den Käse reiben und nach 30 Minuten die Alufolie abnehmen und den Käse über die Knödel streuen.

RÖSTI-SAUERKRAUT-AUFLAUF

3 Port. 10 Min. Leicht

Zutaten

100 g geriebener Käse
1 kleine Dose Sauerkraut
200 g Sahne
3 Scheiben Kasseler
400 g TK-Rösti

Nährwerte p. P.

443 kcal
21 g Kohlenhydrate
20 g Eiweiß
29 g Fett

1 Den Backofen bei Ober-/Unterhitze auf 200 °C vorheizen.

2 Die Rösti auftauen lassen und in kleine Stücke schneiden. Mit Käse und Sahne vermengen.

3 Eine Auflaufform mit Sauerkraut füllen. Die Kasselerscheiben auf dem Sauerkraut verteilen. Die Sahne-Mischung darübergießen.

4 Für 45 Minuten in den Backofen geben.

SAUERKRAUT MIT EISBEIN

4 Port.

2 Std.
50 Min.

Mittel

Zutaten

500 g Sauerkraut
1,5 kg frisches Eisbein
7 Wacholderbeeren
3 kleine Zwiebeln
1 TL Kreuzkümmel
1 TL Koriander
2 Lorbeerblätter
1 TL Kümmel
Salz und Pfeffer

Nährwerte p. P.

954 kcal
16 g Kohlenhydrate
81 g Eiweiß
61 g Fett

1 Wässern Sie den Römertopf.

2 Das Fleisch waschen und abtupfen. Die Zwiebeln jeweils in zwei Hälften schneiden. Das Eisbein pfeffern und salzen.

3 In den Römertopf 3 EL Wasser geben und das Sauerkraut hineingeben. Das Eisbein auf das Sauerkraut legen.

4 Die halbierten Zwiebeln darum verteilen und die Gewürze ebenfalls um das Eisbein verteilen.

5 Den Topf schließen, in den Backofen stellen und dann erst auf 200 °C (Ober-/Unterhitze) erhitzen. 2 Stunden lang braten.

6 Anschließend weitere 20 Minuten im Backofen lassen, hierfür allerdings den Deckel abnehmen und die Grillfunktion einstellen.

PAPRIKA-SAUERKRAUT-CABANOSSI-PFANNE

4 Port.

1 Std.

Leicht

Zutaten

500 g Sauerkraut
500 g festkochende Kartoffeln
1 EL Butterschmalz
2 rote Paprika
1 Bund Lauchzwiebeln
250 g Cabanossi
1 EL körniger Senf
100 g Schmand
Salz und Pfeffer
2 EL Öl

Nährwerte p. P.

572 kcal
22 g Kohlenhydrate
15 g Eiweiß
45 g Fett

1 Die ungeschälten Kartoffeln 15 Minuten weich kochen.

2 Das Sauerkraut gut abtropfen lassen. Lauchzwiebeln und Paprika in feine Streifen schneiden.

3 In einer Pfanne Butterschmalz erhitzen und das Gemüse darin andünsten. Das Sauerkraut hineingeben und vermengen. Mit Salz und Pfeffer würzen und den Deckel auflegen. 10 Minuten dünsten.

4 Die Kartoffeln abschrecken, schälen und in Spalten schneiden.

5 Eine zweite Pfanne erhitzen und Öl hineingeben. Die Kartoffeln darin anbraten und mit Salz und Pfeffer abschmecken.

6 Die Wurst in Scheiben schneiden und zu den Kartoffeln geben. Dies nun zum Sauerkraut geben und Schmand und Senf einrühren.

BLÄTTERTEIGROLLE MIT SAUERKRAUT UND KASSELER

 8 Port.

 20 Min.

 Leicht

Zutaten

8 Scheiben Kasseler
8 Scheiben TK-Blätterteig
1 große Dose Sauerkraut
1 Ei
1 Dose Ananas, in Scheiben

Nährwerte p. P.

167 kcal
16 g Kohlenhydrate
4 g Eiweiß
8 g Fett

1 Backpapier auf ein Backblech legen. Den Backofen auf 180 °C Ober-/Unterhitze vorheizen.

2 Den Blätterteig ausrollen, sodass er die doppelte Größe erreicht. In die Mitte die Kasselerscheiben waagrecht verteilen, Sauerkraut und Ananasscheiben darauflegen. Den Blätterteig anschließend einschlagen.

3 Das Ei verquirlen und die Päckchen damit bestreichen.

4 30 Minuten im Backofen backen.

SAUERKRAUT-QUICHE

20 Port.

1,5 Std.

Leicht

Zutaten

2 rote Paprikaschoten
1 große Zwiebel
1 EL Kümmelsamen
800 g ausgelöster Kasselerrücken
Zucker, Pfeffer, Salz
2 EL Öl
425 ml Sauerkraut
500 g Schmand
6 Eier
1 Pck. Trockenhefe
½ Pck. Brotbackmischung Krustenbrot
½ Bund Petersilie
Mehl und Fett

Nährwerte p. P.

200 kcal
10 g Kohlenhydrate
10 g Eiweiß
12 g Fett

1 Die geschälte Zwiebel fein würfeln. Die Paprika in Streifen, das Fleisch in mundgerechte Stücke schneiden. Das Kasseler in Öl ausbraten. Paprika, Zwiebeln und Kümmelsamen hinzufügen und anbraten. Das Sauerkraut dazugeben und mit Zucker, Salz und Pfeffer abschmecken. Deckel auflegen und 15 Minuten köcheln lassen.

2 Die Backmischung mit der Hefe in eine Schüssel geben. 350 ml warmes Wasser hinzufügen und mit Knethaken verkneten. Ein Tuch darüberlegen und an einem warmen Platz 30 Minuten aufgehen lassen.

3 Den Backofen bei Ober-/Unterhitze auf 200 °C vorheizen. Das Sauerkraut abkühlen lassen.

4 Eier und Schmand miteinander verquirlen, salzen und pfeffern. Eine Pfanne einfetten und mit Mehl bestäuben. Den Teig darin platzieren und auswellen. Den Rand ebenfalls mit Teig bedecken.

5 Die Sauerkrautmasse auf dem Teigboden verteilen und die Schmandmischung darübergeben. Die Quiche für 40 Minuten auf der untersten Schiene backen.

6 Die Petersilie fein hacken und vor dem Servieren auf den Quichestücken verteilen.

Hauptspeisen mit Fisch

SEELACHS-SAUERKRAUT-AUFLAUF

4 Port. 50 Min. Leicht

Zutaten

100 g gewürfelter Speck
400 g Sauerkraut
1 Zwiebel
2 Lauchzwiebeln
2 Fischfilets
150 g Schmand
2 Äpfel
2 Eigelb
Salz und Pfeffer
100 g geriebener Käse
Süßstoff, flüssig

Nährwerte p. P.

505 kcal
13 g Kohlenhydrate
25 g Eiweiß
38 g Fett

1 Den Backofen bei Ober-/Unterhitze auf 200 °C vorheizen.

2 Die geschälte Zwiebel fein würfeln. Die Äpfel ebenfalls schälen und klein schneiden. Die Lauchzwiebeln in feine Ringe schneiden.

3 Sauerkraut, Zwiebeln und Speck mit ein wenig Süßstoff im Topf anschmoren. Den Topf von der Herdplatte nehmen. Die Apfelstücke hineingeben und die Lauchzwiebeln untermengen.

4 Die gesamte Masse in eine Auflaufform geben. Den Fisch in Streifen schneiden und auf dem Auflauf verteilen.

5 2 Eigelb, Schmand, Salz, Pfeffer und Käse vermengen und über die Sauerkrautmasse gießen. 20 Minuten backen.

RAHMSAUERKRAUT MIT LACHS

2 Port.

1 Std.

Leicht

Zutaten

250 g Sauerkraut
50 ml Gemüsebrühe
70 g Äpfel
125 g Sauerrahm
1 TL Zucker
250 g Lachsfilet
1 EL Rapsöl
1 EL Mehl
Salz und Pfeffer

Nährwerte p. P.

450 kcal
14 g Kohlenhydrate
32 g Eiweiß
27 g Fett

1 Gemüsebrühe in einen Topf geben und erhitzen. Zucker und Sauerkraut hineingeben und bei niedriger Stufe 12 Minuten garen. Salzen und pfeffern.

2 Äpfel vom Kerngehäuse entfernen und in Würfel schneiden. Äpfel zum Sauerkraut geben und 3 Minuten köcheln lassen.

3 Sauerrahm unterrühren.

4 Den Fisch kalt abwaschen, abtupfen und mit Mehl einreiben. Öl in einer Pfanne erhitzen und den Fisch bei mittlerer Hitze 3 Minuten anbraten. Salzen und pfeffern.

LACHS MIT KARTOFFELKRUSTE UND CHAMPAGNERSAUERKRAUT

4 Port.

45 Min.

Mittel

Zutaten

2 EL Öl
4 Lachsfilets
1 EL Senf
40 g Butter
2 Äpfel
2 Zwiebeln
800 g Sauerkraut
300 ml Fischfond
500 ml Champagner
4 Kartoffeln, mehligkochend
2 EL Honig
1 Lorbeerblatt
5 Wacholderbeeren
½ Bund Schnittlauch
1 EL Butter
2 EL Weintrauben
250 ml Sahne
Salz und Pfeffer

Nährwerte p. P.

836 kcal
41 g Kohlenhydrate
29 g Eiweiß
50 g Fett

1 Die geschälten Äpfel in dünne Scheiben und die geschälten Zwiebeln in feine Streifen schneiden. Beides anschließend in 1 EL Butter dünsten. Sauerkraut hinzufügen, alles andünsten.

2 Den Fischfond dazugießen und alle Gewürze unterrühren. Alles aufkochen lassen und die Temperatur dann senken. Hin und wieder umrühren und 45 Minuten garen. Nach der Hälfte der Garzeit 100 ml Champagner unterrühren und den Honig dazugeben.

3 Das Sauerkraut in ein Sieb geben und alle Gewürze herausnehmen. Den Sud mit Sahne einkochen lassen.

4 Den Fisch kalt abwaschen, trocknen und mit Salz und Pfeffer würzen. Eine Seite ganz dünn mit Senf einschmieren. Die geschälten Kartoffeln raspeln und auspressen. Salz über die Kartoffeln geben und das Ganze auf der Lachsseite, die mit Senf eingerieben wurde, verteilen.

5 Öl in einer Pfanne erhitzen. Die Lachsstücke mit der Kartoffelseite nach unten kross braten. Die Temperatur sollte nicht zu heiß sein. Wenden und erneut 2 Minuten braten.

6 Butter, den übrigen Champagner und die Soße fein pürieren. Trauben und Sauerkraut dazugeben und würzen. Auf den Tellern verteilen und den Lachs jeweils darauf drapieren.

SAUERKRAUTPANCAKES MIT SAIBLING

4 Port.

25 Min.

Leicht

Zutaten

1 Pck. geräucherter Saibling
Sonnenblumenöl
1 Frühlingszwiebel
140 ml Buttermilch, natur
70 g Mehl, Type 700
1 Ei
1 Pck. Joghurt, griechische Art
1 Zitrone
Salz
1 Pck. Sauerkraut

Nährwerte p. P.

375 kcal
31 g Kohlenhydrate
29 g Eiweiß
13 g Fett

1 Die Frühlingszwiebel in dünne Ringe schneiden. Etwas Salz und eine halbe ausgepresste Zitrone in den Joghurt rühren.

2 Das Ei mit der Buttermilch, dem Mehl und einer Prise Salz zu einem Teig verrühren. 150 g Sauerkraut untermengen.

3 Das Öl in einer Pfanne erhitzen und nacheinander Teigkleckse hineinsetzen. Bei mittlerer Hitze jeweils ungefähr 4 Minuten backen. Wenden und erneut für 2 Minuten backen.

4 Die Pancakes anrichten und mit Zitronenjoghurt, einem Saibling und ein wenig Sauerkraut garnieren.

ROTBARSCH AUF RAHMSAUERKRAUT

2 Port.

30 Min.

Leicht

Zutaten

1 Zwiebel
75 g Speck
375 g Sauerkraut
1 Lorbeerblatt
1 EL Öl
150 ml Geflügelbrühe
175 g Sahne
3 Wacholderbeeren
Pfeffer, Salz, Zucker
2 EL Mehl
1 EL Butter
375 g Rotbarschfilet
2 EL Zitronensaft

Nährwerte p. P.

665 kcal
12 g Kohlenhydrate
46 g Eiweiß
48 g Fett

1 Den Speck in dünne Streifen schneiden. Die geschälte Zwiebel fein würfeln. Das Sauerkraut abspülen und ausdrücken.

2 Öl in einem Topf erhitzen und den Speck anbraten. Die Zwiebelwürfel dazugeben, anbraten und anschließend das Sauerkraut hineingeben. Die Wacholderbeeren zerdrücken und mit dem Lorbeerblatt und der Brühe zum Sauerkraut geben. Alles 10 Minuten kochen lassen.

3 Sahne hineingießen und erneut 7 Minuten köcheln lassen. Mit Zucker, Salz und Pfeffer würzen.

4 Den Fisch in 4 Teile portionieren und den Zitronensaft darübergeben. Filets in Mehl wenden. In einer Pfanne Butter erhitzen und den Fisch von jeder Seite 3 Minuten abraten und dabei salzen.

5 Rotbarsch auf dem Sauerkraut anrichten.

LACHS-SAUERKRAUT-ROULADE

4 Port.

15 Min.

Leicht

Zutaten

12 Schnittlauchhalme
1 grüner Apfel
2 EL Schmand
1 Msp. Currypulver
1 TL Meerrettich
1 Glas „Fix & Fertig"-Sauerkraut
8 Scheiben Räucherlachs
Pfeffer, Salz, Zucker

Nährwerte p. P.

230 kcal
11 g Kohlenhydrate
15 g Eiweiß
13 g Fett

1 Den gewaschenen Apfel entkernen und würfeln. Den Schnittlauch waschen und 4 Halme in Röllchen schneiden. 1 TL Schnittlauch davon mit 1 EL der Apfelwürfel zur Seite stellen.

2 Schnittlauchröllchen, Apfelwürfel, Sauerkraut, Meerrettich, Schmand und Curry verrühren. Mit Zucker, Salz und Pfeffer würzen.

3 Das Sauerkraut nun auf den Lachsscheiben verteilen und zu einer Roulade rollen. Mit einem Schnittlauchhalm zusammenbinden.

Vegetarische Hauptspeisen

SAUERKRAUT-KARTOFFEL-AUFLAUF

 4 Port.

 1 Std. 20 Min.

 Leicht

Zutaten

500 g Sauerkraut
1 kg Kartoffeln
1 Ei
Prise Salz und Pfeffer
150 g geriebener Käse
400 ml Sauerrahm
2 EL Öl
1 Zwiebel
1 EL Paprikapulver

Nährwerte p. P.

1017 kcal
98 g Kohlenhydrate
40 g Eiweiß
46 g Fett

1 Die Kartoffeln weich kochen, anschließend schälen. Die gekochten Kartoffeln in Scheiben schneiden. Die Hälfte davon in die Auflaufform legen.

2 Den Backofen bei Ober-/Unterhitze auf 180 °C vorheizen.

3 Die geschälte Zwiebel hacken. Öl in einem Topf erhitzen und die Zwiebeln andünsten. Sauerkraut in den Topf geben. Diese Masse dann auf die Kartoffeln geben und die restlichen Kartoffelscheiben darüberlegen.

4 Sauerrahm mit Pfeffer, Ei, Salz und Paprikapulver vermengen und über dem Auflauf verteilen. Geriebenen Käse darüberstreuen. 40 Minuten backen.

SAUERKRAUT-KUMPIR

4 Port.

40 Min.

Leicht

Zutaten

200 g Joghurt
2 TL Rapsöl
8 Kartoffeln, festkochend
1 TL Kümmel
500 g frisches Sauerkraut
2 Möhren
1 Birne
Salz und Pfeffer
50 g Gouda
4 Korianderstiele
30 g Walnusskerne
1 TL Zitronensaft
4 TL Butter, zimmerwarm

Nährwerte p. P.

505 kcal
65 g Kohlenhydrate
15 g Eiweiß
19 g Fett

1 Die Kartoffeln einstechen und mit Öl bepinseln. Den Backofen bei Ober-/Unterhitze auf 200 °C vorheizen. Die Kartoffeln 45 Minuten backen.

2 Das Sauerkraut ausdrücken und mit Kümmel und Joghurt vermengen. Salzen und pfeffern.

3 Die Birne und die Möhren raspeln und Zitronensaft darübergeben. Die Korianderblätter abzupfen und hacken.

4 Die Walnüsse hacken und ohne Zugabe von Fett in einer heißen Pfanne rösten. Käse hineinreiben.

5 Die Kartoffeln herausnehmen, der Länge nach einschneiden und das Kartoffelinnere auflockern. Den Gouda mit der Butter einrühren. Die Kartoffeln mit Birnen- und Möhrenraspeln sowie dem Sauerkraut auffüllen und mit Walnüssen und Koriander garnieren.

SAUERKRAUTPUFFER

4 Port.

30 Min.

Leicht

Zutaten

5 EL Haferflocken
500 g Sauerkraut
5 EL Öl
Prise Pfeffer
½ TL Salz
300 g Kartoffeln
1 Ei

Nährwerte p. P.

190 kcal
13 g Kohlenhydrate
3 g Eiweiß
14 g Fett

1 Das Sauerkraut auspressen und ein wenig klein schneiden. Kartoffeln schälen und fein reiben.

2 Kartoffeln mit dem Sauerkraut, dem Ei sowie mit Pfeffer, Salz und Haferflocken vermengen.

3 Öl in einer Pfanne erhitzen und darin die Puffer ausbacken.

SAUERKRAUT-GRÜNKERN-AUFLAUF

4 Port.

1,5 Std.

Leicht

Zutaten

300 g Äpfel
250 g Grünkern
200 g Zwiebeln
500 ml Gemüsebrühe
500 g Sauerkraut
200 ml süße Sahne
200 g geriebener Gouda
1 TL Kümmelpulver
2 EL Sonnenblumenöl

Nährwerte p. P.

675 kcal
56 g Kohlenhydrate
22 g Eiweiß
39 Fett

1 Den Backofen bei Ober-/Unterhitze auf 200 °C vorheizen.

2 Den Grünkern in die Gemüsebrühe geben und für 30 Minuten kochen lassen.

3 Äpfel und Zwiebeln in Würfel schneiden und in Sonnenblumenöl dünsten. Das Sauerkraut hinzufügen. Kümmel unterrühren und den Grünkern untermischen.

4 Die gesamte Masse in die Auflaufform geben und die Sahne darübergießen. Mit Käse bestreuen. 20-30 Minuten backen.

SAUERKRAUTLASAGNE

4 Port.

1 Std.
20 Min.

Mittel

Zutaten

500 ml Wasser
500 g Sauerkraut
250 g geräucherter Tofu
200 g Käse
230 g Lasagneplatten
2 EL Öl
½ TL Pfeffer
750 ml Milch
50 g Butter
2 Prisen Muskat
½ TL Salz
4 EL Mehl

Nährwerte p. P.

612 kcal
53 g Kohlenhydrate
37 g Eiweiß
28 g Fett

1 Den Ofen auf 180 °C Ober-/Unterhitze vorheizen.

2 Das Sauerkraut in einen Topf geben und mit Pfeffer, Wasser und Salz dünsten.

3 Für die Zubereitung der Soße die Butter in einen Topf geben und zum Schmelzen bringen. Mehl einrühren, aber nicht braun werden lassen. Etappenweise die Milch hineingeben und stets weiterrühren, sodass keine Klumpen entstehen. Mit Muskat und Salz würzen.

4 Käse und Tofu zerkrümeln.

5 Eine Auflaufform einfetten und nun die Lasagneplatten, das Kraut, den Tofu und den Käse schichten. Jede Krautschicht mit etwas heller Soße bedecken. Ein wenig Käse beiseitestellen. Abschließend mit der hellen Soße und dem übrigen Käse garnieren. 45 Minuten backen.

LINSENEINTOPF MIT SAUERKAUT-FLÄDLE

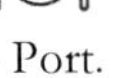

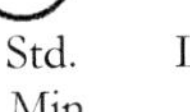

4 Port. 1 Std. 15 Min. Leicht

Zutaten

50 g Mehl
1 Bund Suppengrün
1 Zwiebel
150 ml Milch
2 EL Öl
250 g Tellerlinsen
150 g weiche, getrocknete Pflaumen
2 Eier
200 g Sauerkraut
3 TL Butterschmalz
3 EL Balsamico-Essig
Zucker, Pfeffer, Salz
½ Bund Petersilie

Nährwerte p. P.

994 kcal
110 g Kohlenhydrate
45 g Eiweiß
36 g Fett

1 Das Suppengrün schälen und klein schneiden. Die geschälte Zwiebel in feine Würfel schneiden. In einem großen Topf das Öl erhitzen und die Zwiebelwürfel und die Suppengrünstücke andünsten.

2 Die Linsen waschen und in den Topf geben. Mit 1,5 Liter Wasser ablöschen und aufkochen lassen. Den Deckel auflegen und für 45 Minuten köcheln lassen.

3 Die Pflaumen klein schneiden und nach 35 Minuten Kochzeit in den Topf geben.

4 Milch, Eier, Mehl und 1 Msp. Salz verrühren und 15 Minuten aufquellen lassen.

5 Das Sauerkraut ausdrücken und klein schneiden. Die Petersilienblätter abzupfen und klein hacken.

6 In eine Pfanne 1 TL Butterschmalz geben. Jeweils ⅓ des Pfannkuchenteigs und des Sauerkrauts hineinfüllen. Die Petersilie darüberstreuen. Ein wenig braun werden lassen und dann wenden.

7 Die Brühe mit Essig, Zucker, Salz und Pfeffer abschmecken.

8 Die Pfannkuchen in Flädle schneiden und mit der Brühe anrichten.

KRAUTLAIBCHEN

4 Port.

1 Std.
15 Min.

Leicht

Zutaten

1 kg Sauerkraut
1 EL Öl
Schuss Weißwein
100 g Semmelbrösel
Prise Salz und Pfeffer
2 Eier
2 EL Kümmel
1 Zwiebel

Nährwerte p. P.

423 kcal
45 g Kohlenhydrate
16 g Eiweiß
14 g Fett

1 Den Backofen bei Ober-/Unterhitze auf 180 °C vorheizen. Ein Backblech mit Backpapier belegen.

2 Sauerkraut abtropfen lassen. Die geschälte Zwiebel in feine Würfel schneiden. Öl in einem Topf erhitzen und die Zwiebelwürfel anrösten, das Kraut untermengen.

3 Weißwein zum Ablöschen dazugeben, salzen, pfeffern und Kümmel dazugeben. 15 Minuten andünsten.

4 Semmelbrösel, Eier und Kraut verkneten und kleine Laibchen formen. Diese auf das Backblech legen und 30 Minuten backen.

SAUERKRAUTRÖSTI UND KARAMELLISIERTE SCHALOTTEN

4 Port.

35 Min.

Leicht

Zutaten

250 g Crème fraîche
Je ½ gelbe, grüne und rote Paprika
8 Schalotten
Salz und Pfeffer
500 g Kartoffeln
850 g Sauerkraut
3 TL Zucker
6 EL Öl

Nährwerte p. P.

1050 kcal
73 g Kohlenhydrate
16 g Eiweiß
70 g Fett

1 Die Paprika fein würfeln. Die Crème fraîche glatt rühren, salzen und pfeffern.

2 Das Sauerkraut kräftig ausdrücken. Die geschälten Schalotten achteln. Die geschälten Kartoffeln grob reiben und in eine Schüssel mit Wasser geben. Anschließend ausdrücken und zum Sauerkraut geben. Mit Salz und Pfeffer abschmecken.

3 5 EL Öl in einer Pfanne erhitzen und portionsweise einen Esslöffel Teig in die Pfanne geben, ausbraten und beiseitestellen.

4 Eine weitere Pfanne erhitzen und 1 EL Öl hineingeben. Die Schalotten 2 Minuten braten und Zucker darübergeben. Die Schalotten karamellisieren lassen. Mit Rösti servieren.

MEDITERRANER SAUERKRAUTSTRUDEL

4 Port.

1 Std.
10 Min.

Leicht

Zutaten

550 g Sauerkraut
1 Pck. Filoteig
200 g Tomaten
1 Zwiebel
5 getrocknete Tomaten
1 Lorbeerblatt
1 TL Rohrzucker
1 TL Kräuter der Provence
1 TL Kümmel
1 TL Paprikapulver
Salz und Pfeffer
Etwas Milch
Öl

Nährwerte p. P.

350 kcal
37 g Kohlenhydrate
12 g Eiweiß
13 g Fett

1 Die geschälte Zwiebel in kleine Würfel schneiden. Die getrockneten Tomaten und die frischen Tomaten fein hacken.

2 In einer Pfanne Öl erhitzen und die Zwiebelwürfel andünsten. Rohrzucker dazugeben und karamellisieren lassen. Lorbeerblatt, Kümmel, Paprikapulver, Kräuter der Provence und Tomaten hinzufügen. Das Sauerkraut untermengen. Alles gut miteinander verrühren und 20 Minuten köcheln lassen. Die gesamte Flüssigkeit muss verkocht sein. Das Lorbeerblatt herausnehmen und mit Salz und Pfeffer würzen. Vom Herd nehmen und auskühlen lassen.

3 5 Filoteig-Blätter aufeinanderlegen. Das Gleiche für den zweiten Strudel machen. Die Sauerkrautmasse gleichmäßig darauf verteilen. Links und rechts die Ränder einklappen, den unteren und oberen Rand übereinander klappen. Den Strudel mit der Naht nach unten auf dem Backblech platzieren und mit Milch bepinseln.

4 Für 20 Minuten bei 180 °C Ober-/Unterhitze backen.

SAUERKRAUT-SÜẞKARTOFFEL-ROMANZE

4 Port.

1 Std.

Leicht

Zutaten

150 ml Apfelsaft
1,2 kg Süßkartoffeln
2 Zwiebeln
1 Dose Sauerkraut
2 EL Butter
2 EL Milch
100 g Schmand
1 Lauchzwiebel
80 g Gouda
2 kleine Äpfel
4 Scheiben Bacon
4 Petersilienstiele
Pfeffer, Salz, Paprikapulver (rauchfein), Muskat

Nährwerte p. P.

1274 kcal
180 g Kohlenhydrate
30 g Eiweiß
40 g Fett

1 Die geschälten Süßkartoffeln in Würfel schneiden und in Salzwasser geben. Den Deckel auflegen und 15 Minuten gar kochen lassen.

2 Das Sauerkraut ausdrücken. Die geschälten Zwiebeln in kleine Würfel schneiden. Die Petersilienblätter hacken.

3 Die Baconscheiben in einer Pfanne anbraten und beiseitelegen. Das Fett in der Pfanne belassen und die Zwiebeln darin andünsten. Apfelsaft und Sauerkraut hineingeben und 10 Minuten köcheln lassen.

4 Die gewaschenen Äpfel in Viertel schneiden, entkernen, grob raspeln und in die Pfanne geben. Pfeffern und salzen, Petersilie untermengen.

5 Den Backofen bei Ober-/Unterhitze auf 200 °C vorheizen.

6 Den Gouda grob reiben. Die Süßkartoffelwürfel zerstampfen und 2 EL Butter untermengen. Mit Muskat würzen.

7 Eine Auflaufform im Wechsel mit Sauerkraut und Süßkartoffeln schichten. Den krossen Bacon zerbröseln und darüberstreuen. Abschließend den geriebenen Käse darübergeben. Im Ofen 15 Minuten backen.

8 Die Lauchzwiebel in Ringe schneiden. Milch und Schmand verquirlen und Paprikapulver, Salz und Pfeffer dazugeben.

9 Den Auflauf herausnehmen und auf Tellern portionieren, mit Zwiebeln und Schmand servieren.

Vegane Hauptspeisen

SAUERKRAUT-CURRY-SUPPE

8 Port.

35 Min.

Leicht

Zutaten

3 Zwiebeln
3 Paprika
3 Knoblauchzehen
2 Stk. frischer Ingwer
2 EL Sesamöl
3 TL Curry
1 EL Kurkuma
1,2 l Kokosmilch
1 kg Sauerkraut
1 kg Kichererbsen
750 g Äpfel
2 EL Sesamöl
1 l Gemüsebrühe
1 TL Zitronengras
1 TL Sambal Oelek

Nährwerte p. P.

673 kcal
49 g Kohlenhydrate
13 g Eiweiß
42 g Fett

1 Knoblauch, Zwiebeln und Ingwer schälen. Alles fein hacken. Die geschälten Äpfel und die Paprika in Würfel schneiden.

2 In einem Topf das Sesamöl erhitzen. Knoblauch, Zwiebeln und Ingwer hineingeben und dünsten. Äpfel und Paprika dazugeben und andünsten. Kichererbsen und Sauerkraut unterrühren. Mit Brühe und Kokosmilch ablöschen.

3 Mit Kurkuma, Sambal Oelek, Curry und Zitronengras abschmecken. 15 Minuten abgedeckt köcheln lassen.

SAUERKRAUT-PFANNE

2 Port.

25 Min.

Leicht

Zutaten

2 EL Olivenöl
2-3 Tassen Kartoffeln, gekocht und in Scheiben geschnitten
½ Tofu, geräuchert
1 gehackte Zwiebel
Petersilie
1 Tasse frisches Sauerkraut
Salz und Pfeffer

Nährwerte p. P.

276 kcal
17 g Kohlenhydrate
7 g Eiweiß
17 g Fett

1 Den Tofu in Öl anbraten, Kartoffelscheiben und Zwiebeln dazugeben. Salzen und pfeffern. 10 Minuten braten.

2 Die Temperatur herunterschalten.

3 Sauerkraut unterheben. Mit Petersilie garnieren.

VEGANE SCHUPFNUDELN MIT PILZEN UND SAUERKRAUT

4 Port.

50 Min.

Mittel

Zutaten

160 g Weizenmehl
30 g Kartoffelmehl
1 TL Salz
900 g mehligkochende Kartoffeln
Prise Muskat
1-2 EL Sojasauce
2-3 EL Rapsöl
500 g Champignons
2 TL Kümmel
2 Zwiebeln, fein gewürfelt
Salz und Pfeffer
800 g Sauerkraut

Nährwerte p. P.

462 kcal
76 g Kohlenhydrate
14 g Eiweiß
6 g Fett

1 Die ungeschälten Kartoffeln in Salzwasser legen und 20 Minuten kochen. Wasser abgießen und die Kartoffeln ein wenig abkühlen lassen.

2 Die Kartoffeln pellen und stampfen. Alternativ kann man sie auch durch eine Presse drücken. Die gesamte Masse mit einer Gabel auflockern und weiter auskühlen lassen.

3 Mehl, Kartoffelmehl, Muskat und Salz mit den Kartoffeln vermengen und verkneten. Den Teig in 4 Portionen teilen und auf einer bemehlten Fläche zu 5-cm-Rollen formen. Diese wiederum mit einem scharfen Messer in 2 cm dicke Scheiben schneiden und zu Schupfnudeln rollen.

4 Salzwasser zum Kochen bringen und die Schupfnudeln in das Wasser geben. Sobald sie oben schwimmen, mit einer Schaumkelle abschöpfen und auf einem Kuchengitter abkühlen lassen.

5 Die Pilze klein schneiden. In einer Pfanne 1 EL Öl erhitzen und die Pilze darin scharf anbraten. Wenden und weitere 3 Minuten garen. Sojasauce darübergeben und durchziehen lassen. Aus der Pfanne nehmen.

6 Die geschälten Zwiebeln in feine Würfel schneiden und erneut einen 1 EL Öl in der Pfanne erhitzen. Die Zwiebeln mit Kümmel hineingeben und anbraten. Die Schupfnudeln hineingeben und 5 Minuten anbraten.

7 Zuletzt die Pilze und das Sauerkraut untermengen. Salzen und pfeffern.

SOJAHACK-KARTOFFEL-SAUERKRAUT-AUFLAUF

3 Port.

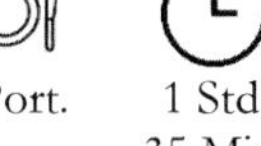
1 Std. 35 Min.

Mittel

Zutaten

500 g Sauerkraut
500 g Kartoffeln
1 Pck. Sojasahne
1 Tube Tomatenmark
150 g Sojagranulat
100 g veganer, geriebener Käse
2 Zwiebeln
1 l Gemüsebrühe
30 g Margarine
200 ml Sojadrink
Salz und Pfeffer
Gewürzmischung für Hackfleisch
Muskat

Nährwerte p. P.

581 kcal
45 g Kohlenhydrate
16 g Eiweiß
34 g Fett

1 Den Backofen bei Ober-/Unterhitze auf 200 °C vorheizen.

2 Die Gemüsebrühe zum Kochen bringen und mit dem Sojagranulat vermengen, gut ziehen lassen.

3 Die geschälten Zwiebeln fein würfeln. Die geschälten Kartoffeln in Salzwasser kochen.

4 Die Brühe abgießen und das Granulat sehr gut ausdrücken und gut würzen. Gemeinsam mit den Zwiebelwürfeln anbraten, die Tube Tomatenmark hineingeben und gut verrühren.

5 Das Kartoffelwasser abgießen und die Kartoffeln mit dem Sojadrink und der Margarine zu Kartoffelstampf verarbeiten. Mit Muskat würzen.

6 ⅔ des Zwiebel-Gemischs in einer Auflaufform verteilen und das Sauerkraut darübergeben. Abschließend das Püree darauf verteilen. Das übrige Zwiebel-Gemisch hinzufügen und den Käse darüberstreuen. Die Sojasahne darübergießen. 20-25 Minuten backen.

KRAUTGULASCH

 4 Port.

 1 Std.

 Mittel

Zutaten

750 ml Gemüsebrühe
3 Zwiebeln
150 g getrocknete Steinpilze
2 EL Worcestersauce
½ Weißkohl
400 g Sauerkraut
2 EL Tomatenmark
150 g Pulled Soja
2 TL Paprikapulver, rosenscharf
½ Bund frische Petersilie
200 g vegane Kochsahne
2 TL Kümmelsamen
1,5 TL getrockneter Majoran
1 Zitrone
Öl
Salz und Pfeffer

Nährwerte p. P.

404 kcal
13 g Kohlenhydrate
21 g Eiweiß
25 g Fett

1 Die Pilze in Wasser legen und 1 Stunde einweichen lassen.

2 Die geschälten Zwiebeln in grobe Stücke schneiden und 3 EL Öl in einer Pfanne erhitzen. Die Zwiebeln darin andünsten. Die Pilze hineingeben.

3 Den Kohl ganz fein in Streifen schneiden und ebenfalls in die Pfanne geben, scharf anbraten. Paprikapulver, Tomatenmark, Kümmelsamen und Majoran hinzufügen. Mit der Brühe ablöschen, Pulled Soja, Sauerkraut, Worcestersauce und 2 Prisen Salz sowie Pfeffer unterrühren und den Deckel auflegen. 20 Minuten schmoren lassen.

4 5 Minuten vor Schluss die Sahne einrühren und die Zitronenschale hineinreiben. Die Petersilie hacken und zum Servieren darüberstreuen.

SAUERKRAUTSUPPE

4 Port.

30 Min.

Leicht

Zutaten

2 Knoblauchzehen
2 Zwiebeln
2 EL Tomatenmark
750 ml Gemüsebrühe
1 Selleriestaude
810 g Sauerkraut
3 TL veganes Hühnerbrühepulver
1 Dose weiße Bohnen
120 ml Wasser
40 g Cashewnüsse
½ TL gemahlener Kümmel
1 TL Majoran
Prise Salz und Pfeffer
1 TL Paprikapulver, geräuchert
1 EL Paprikapulver, edelsüß

Nährwerte p. P.

376 kcal
38 g Kohlenhydrate
16 g Eiweiß
12 g Fett

1 Die geschälten Knoblauchzehen und Zwiebeln fein würfeln und in einem Topf mit ein wenig Wasser andünsten. Darauf achten, dass immer wieder Wasser dazugegeben wird. Den Sellerie ebenfalls fein würfeln und dazugeben.

2 Die Cashewnüsse pürieren und mit Wasser und den Bohnen in einem Mixer cremig rühren.

3 Die Gemüsebrühe und das Sauerkraut zu den Zwiebeln geben und gut umrühren. Mit Tomatenmark, Paprikapulver, Majoran, Salz, Pfeffer, Kümmel und Hühnerbrühepulver abschmecken. Kräftig umrühren und 10 Minuten auf kleiner Stufe köcheln lassen.

TOFU-SAUERKRAUT-BRATLINGE

10 Port.

40 Min.

Leicht

Zutaten

200 g Tofu, natur
500 g Pellkartoffeln, geschält und zermatscht
50 g Lauch, TK, in Ringen
200 g Sauerkraut, klein geschnitten
Prise Zucker
1 TL Schwarzkümmel
2 TL Kräutersalz
120 g Kichererbsen, zermahlen
20 g Pfefferkörner, gemahlen
Olivenöl
Salz

Nährwerte p. P.

127 kcal
15 g Kohlenhydrate
6 g Eiweiß
4 g Fett

1 Tofu und Kartoffeln mit einer Gabel zerdrücken. Das Sauerkraut etwas kleinschneiden.

2 Die gesamten Zutaten mit den gemahlenen Pfefferkörnern vermengen.

3 Bratlinge formen, Öl erhitzen und die Bratlinge bei niedriger Temperatur ausbraten.

KRAUTSPÄTZLE MIT TOFU

2 Port.

1 Std.

Schwer

Zutaten

Prise Muskatnuss
300 g Dinkelmehl
2 TL Salz
3 Pck. Ei-Ersatz
Prise Kurkuma
130 ml Wasser
500 g Sauerkraut
2 Lorbeerblätter
200 g Räuchertofu
Salz und Pfeffer
Margarine
Röstzwiebeln

Nährwerte p. P.

777 kcal
109 g Kohlenhydrate
42 g Eiweiß
15 g Fett

1 Muskat, Wasser, Ei-Ersatz, Mehl, Salz und Kurkuma miteinander vermengen. Den Teig 20 Minuten stehen lassen.

2 Den Tofu in Würfel schneiden und in einer Pfanne scharf anbraten.

3 Das Sauerkraut in einen Topf geben, die Lorbeerblätter dazugeben und alles einmal aufkochen lassen. Den Tofu hinzufügen, die Temperatur herunterdrehen und köcheln lassen.

4 Wasser kochen lassen und den Spätzleteig durch einen Hobel drücken. Wenn die Spätzle an die Wasseroberfläche kommen, mit einem Schaumlöffel abschöpfen und kurz kalt abschrecken.

5 Margarine in einer Pfanne erhitzen, Spätzle hineingeben und die Tofu-Sauerkraut-Masse unterheben. Alles vermengen, salzen und pfeffern. Mit Röstzwiebeln servieren.

International

BORSCHTSCH MIT SAUERKRAUT

6 Port.

3 Std.

Mittel

Zutaten

250 g Sauerkraut
800 g Schweinefleisch
3 Knollen Rote Bete
4 l Wasser
2 Zwiebeln
2 Karotten
3 EL Pflanzenöl
4 Kartoffeln
Salz, Pfeffer

Nährwerte p. P.

292 kcal
19 g Kohlenhydrate
31 g Eiweiß
8 g Fett

1 In einem Topf das Fleisch mit kaltem Wasser angießen. Auf höchster Stufe aufkochen lassen und den Schaum abschöpfen. Die Temperatur herunterstellen und das Ganze für 1,5 Stunden köcheln lassen.

2 Die Rote-Bete-Knollen mit Alufolie ummanteln und auf ein Backblech setzen. Für 60 Minuten bei 180 °C Ober-/Unterhitze in den Backofen geben. Herausnehmen und gut abkühlen lassen. Anschließend reiben.

3 Das Fleisch aus der Brühe nehmen, auskühlen lassen und in mundgerechte Stücke schneiden.

4 1 EL Öl in einer Pfanne erhitzen und das Sauerkraut hineingeben. Deckel auflegen und 15 Minuten schmoren lassen. Hin und wieder umrühren.

5 Das Gemüse und die Kartoffeln schälen und in Stücke schneiden, die Zwiebeln fein würfeln. Die Karotten reiben. Das übrige Öl in einer Pfanne erhitzen und die Zwiebeln mit den Karotten darin anbraten.

6 Die Brühe im Topf erneut aufkochen lassen. Die Kartoffeln darin 15 Minuten gar werden lassen. Rote Bete, Fleisch, Karotten, Sauerkraut, Zwiebeln, Salz und Pfeffer dazugeben. Die Suppe für 6 Minuten kochen lassen.

7 Borschtsch von der Herdplatte nehmen und mit geschlossenem Deckel 15 Minuten ziehen lassen.

KAPUSNJAK

1 Port. 45 Min. Leicht

Zutaten

2 EL Butter
1 Knoblauchzehe
1 Schalotte
300 g Sauerkraut
400 ml Pilzfond
800 ml Gemüsefond
4 Kartoffeln
1 Möhre
250 g Pilze
2 Lorbeerblätter
Saure Sahne
Petersilie
Salz und Pfeffer

Nährwerte p. P.

1508 kcal
81 g Kohlenhydrate
19 g Eiweiß
111 g Fett

1 Die Schalotte und den Knoblauch schälen und fein würfeln. Etwas Butter in einem Topf erhitzen und den Knoblauch und die Pilze andünsten. Mit Gemüse- und Pilzfond ablöschen.

2 Die geschälten Kartoffeln und die Möhre grob schneiden. Die Pilze ebenfalls kleinschneiden. Das Kraut kleinschneiden und alles in den Topf geben.

3 Die Lorbeerblätter hinzugeben und 30 Minuten schmoren lassen. Salzen und pfeffern.

4 Vor dem Servieren saure Sahne untermengen. Mit Petersilie garnieren.

TAJINE

4 Port.

30 Min.

Leicht

Zutaten

500 g Sauerkraut
6 Kartoffeln
2 Zwiebeln
100 g Käse
1 Tasse Gemüsebrühe
2 Äpfel
Muskat, Salz, Pfeffer,
Wacholderbeeren
Petersilie

Nährwerte p. P.

229 kcal
31 g Kohlenhydrate
10 g Eiweiß
4 g Fett

1 Die Äpfel und die Kartoffeln schälen und in Würfel schneiden. Die geschälten Zwiebeln in feine Streifen schneiden.

2 Das Sauerkraut zerrupfen und alles mit den Gewürzen nach Belieben vermengen.

3 Die Masse in eine Tajine geben und mit Brühe angießen. Den Deckel aufsetzen und garen.

4 Vor dem Servieren mit Petersilie und Käse bestreuen.

WIENER KRAUTRÖLLCHEN

4 Port. 45 Min. Leicht

Zutaten

350 g Kartoffeln
400 g Sauerkraut
Prise Salz und Pfeffer
1 Ei
Bund Schnittlauch
100 ml Öl
90 g geriebener Parmesan
Semmelbrösel

Nährwerte p. P.

880 kcal
31 g Kohlenhydrate
30 g Eiweiß
67 g Fett

1 Die geschälten Kartoffeln fein raspeln.

2 Das Sauerkraut gut ausdrücken und mit gehacktem Schnittlauch und den Kartoffeln vermengen. Salzen, pfeffern und kleine Rollen formen.

3 Ein Ei verquirlen und in eine flache Schüssel Semmelbrösel mit Parmesan geben.

4 Die Rollen erst in Ei, dann in die Semmelbrösel tunken. Das Öl in einer Pfanne heiß werden lassen. Die Rollen bei mittlerer Stufe anbraten.

SAUERKRAUT-SOLJANKA

4 Port. 55 Min. Leicht

Zutaten

300 g Fleischwurst
1200 ml Gemüsebrühe
1 Zwiebel
2 EL saure Sahne
1 TL Harissa-Paste
250 Sauerkraut (Konserve)
2 EL Öl
1 Glas Letscho

Nährwerte p. P.

1096 kcal
14 g Kohlenhydrate
23 g Eiweiß
103 g Fett

1 Die Fleischwurst würfeln, die geschälte Zwiebel ebenfalls in Würfel schneiden. In einer Pfanne Öl erhitzen und Zwiebel- und Fleischwürfel darin anbraten.

2 Die Brühe aufkochen lassen und Harissa, Letscho und Sauerkraut dazugeben. Für 10 Minuten köcheln lassen.

3 Die angebratenen Zwiebel- und Fleischwurstwürfel hinzufügen. Den Deckel auflegen und 30 Minuten köcheln lassen. Hin und wieder umrühren.

4 Die Sahne kurz vor dem Servieren unterrühren.

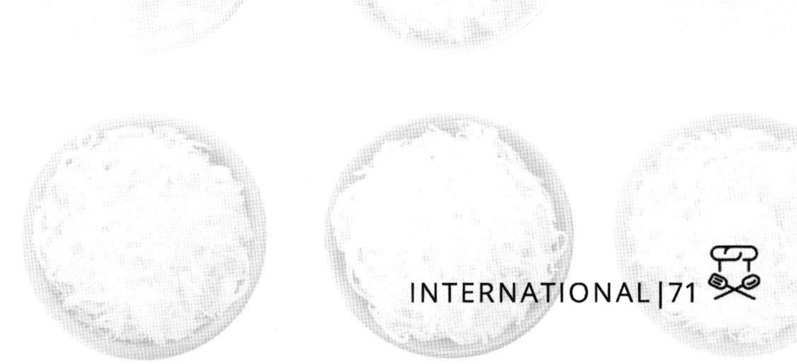

SAUERKRAUT-SOLJANKA MIT FISCH

4 Port.

20 Min.

Leicht

Zutaten

4 Zwiebeln
50 g Margarine
500 g Fischfilet
100 g Gewürzgurken
150 g Sauerkraut
150 g Letscho
4 EL saure Sahne
1 Lorbeerblatt
2 Knoblauchzehen
Zitronensaft
Salz
Gemüsebrühe

Nährwerte p. P.

288 kcal
8 g Kohlenhydrate
26 g Eiweiß
15 g Fett

1 In einem Topf die Margarine zergehen lassen. Die geschälten Zwiebeln in Scheiben schneiden und in der Margarine anrösten.

2 Letscho, Sauerkraut und kleingeschnittenes Fischfilet hineingeben. Mit der Brühe ablöschen. Es sollte alles davon bedeckt sein.

3 Die Gurken fein würfeln, den Knoblauch pressen und beides gemeinsam mit Salz und dem Lorbeerblatt dazugeben. 10 Minuten schmoren lassen.

4 Mit Sahne, Salz und Zitronensaft abschmecken.

SZEGEDINER GULASCH

6 Port.

2 Std.

Leicht

Zutaten

100 g durchwachsener Speck
300 g Rindfleisch
250 g Zwiebeln
300 g Schweinefleisch
500 g Sauerkraut
1 EL Tomatenmark
500 ml Fleischbrühe
1 TL Paprikapulver, rosenscharf
2 TL Speisestärke
1 Becher Crème fraîche
2 EL Wasser
Salz und Pfeffer

Nährwerte p. P.

433 kcal
9 g Kohlenhydrate
24 g Eiweiß
34 g Fett

1 Die geschälten Zwiebeln in Ringe schneiden. Das Fleisch säubern und in mundgerechte Würfel schneiden.

2 Den Speck ebenfalls würfeln und auslassen. Die Zwiebeln hinzufügen und andünsten. Das Tomatenmark und das Paprikapulver unterrühren. Die Fleischwürfel hineingeben und mit Salz und Pfeffer würzen.

3 Das Kraut dazugeben und mit der Brühe ablöschen. Für 1,5 Stunden schmoren. Crème fraîche unterheben. Die Speisestärke mit Wasser vermengen und damit das Gulasch binden.

COLESLAW

4 Port.

20 Min.

Leicht

Zutaten

800 g Weißkohl
80 g Mayonnaise
120 g Schmand
200 g Möhren
2 EL Weißweinessig
2 Zwiebeln
1 TL Senf
2 EL Zitronensaft
2 TL Zucker
1 Msp. Pfeffer
1,5 TL Salz

Nährwerte p. P.

617 kcal
35 g Kohlenhydrate
9 g Eiweiß
44 g Fett

1 Die grünen Blätter des Kohls entfernen und den Kohl säubern. Anschließend den Strunk herausschneiden.

2 800 g abwiegen, in feine Streifen schneiden und in eine Schüssel geben. 1 TL Salz darübergeben und gut vermengen. 2-3 Minuten stehen lassen.

3 Den Kohl ausdrücken.

4 Die geschälten Möhren grob raspeln. Die geschälten Zwiebeln fein würfeln. Möhren und Zwiebeln zum Kraut geben.

5 Das Dressing aus Mayonnaise, Schmand, Weißweinessig, Zucker, Zitronensaft, Salz, Senf und Pfeffer zusammenrühren.

6 Dressing, Gemüse und Kohl gut miteinander vermengen, abdecken und in den Kühlschrank stellen.

KIMCHI-SAUERKRAUT ASIA STYLE

10 Port.

20 Min.

Leicht

Zutaten

1 Weißkohl
1 weißer Rettich
2 Möhren
1 Zwiebel
1 Bund Frühlingszwiebeln
20 g Knoblauch
1 Apfel
30 g Ingwer
1 EL Fischsoße
1 EL Noriflocken
Salz
30 g Chiliflocken

Nährwerte p. P.

58 kcal
8 g Kohlenhydrate
2 g Eiweiß
0 g Fett

1 Den Kohl klein schneiden. Den Rettich und die Möhren schälen und raspeln, die Frühlingszwiebeln in Ringe schneiden.

2 Gemüse abwiegen, vom Gewicht des Gemüses dann 2 % Salz dazugeben und gut vermengen.

3 Ingwer, Knoblauch, Apfel, Zwiebel grob schneiden und mit Fischsoße und Chiliflocken pürieren. Die Soße mit dem Gemüse vermischen und die Noriflocken unterheben.

4 Nun in Gläsern schichten und jedes Mal gut andrücken. Zum Rand 3 cm aussparen. Das Kraut sollte mit Flüssigkeit bedeckt sein. Alles gut verschließen und 7 Tage stehen lassen. So kommt die Fermentation in Gange.

5 Anschließend kühl lagern. Nach 2 Wochen einmal probieren. Im Kühlschrank kann das Kimchi monatelang aufbewahrt werden.

CHOUCROUTE

6 Port.

3 Std.

Schwer

Zutaten

4 Knoblauchzehen
1,5 kg Sauerkraut
1 Zwiebel
2 Nelken
3 EL Rapsöl
3 Lorbeerblätter
2 EL Kümmel
500 ml Gemüsebrühe
250 ml Elsässer Riesling
Salz und Pfeffer
4 Krakauer Würste
200 g gepökelte Schweineschulter
4 Wiener Würstchen
200 g Räucherschinken
1 kg Kartoffeln, festkochend

Nährwerte p. P.

875 kcal
26 g Kohlenhydrate
42 g Eiweiß
63 g Fett

1 Das Kraut waschen und ausdrücken. Die geschälte Zwiebel fein würfeln. Den Knoblauch ebenfalls fein hacken.

2 In einem Topf das Öl erhitzen, die Temperatur auf die Hälfte reduzieren und den Knoblauch und die Zwiebeln andünsten. Kümmel, Nelken, Lorbeerblätter und Sauerkraut hinzufügen. Mit Gemüsebrühe, Wein und 350 ml Wasser ablöschen. Mit Salz und Pfeffer abschmecken und aufkochen lassen. Den Räucherschinken und die Schweineschulter auf das Kraut legen und einen Deckel auflegen. Alles für 2 Stunden kochen lassen. In den letzten 15 Minuten die Würste hineingeben und erhitzen.

3 Die Kartoffeln ungeschält in kochendem Salzwasser 25 Minuten gar kochen. Anschließend abseihen und die Schale entfernen.

4 Das Fleisch herausnehmen und zuschneiden.

BIGOS

8 Port.

2,5 Std.

Mittel

Zutaten

800 g Sauerkraut
400 g Rindfleisch
400 g Schweinefleisch
400 g Krakauer Wurst
400 g Kasseler
2 rote Paprika
6 Zwiebeln
1 TL Pfefferkörner
500 ml Fleischbrühe
3 EL Öl
500 g Weißkohl
2 Lorbeerblätter
75 g Tomatenmark
1 TL Wacholderbeeren
Prise Salz

Nährwerte p. P.

511 kcal
13 g Kohlenhydrate
41 g Eiweiß
30 g Fett

1 Die geschälten Zwiebeln in feine Würfel schneiden. Die Paprika von den Kernen befreien und in Streifen schneiden. Den Weißkohl in Viertel schneiden und den Strunk herausschneiden. Den Weißkohl dann in Streifen schneiden.

2 Das Fleisch von allen Sehnen und der Haut befreien. Alles in mundgerechte Stücke schneiden. Das Kasseler und die Wurst ebenfalls klein schneiden.

3 In einem Topf Öl erhitzen und das Fleisch scharf anbraten. Kasseler und Wurst hinzufügen und die Zwiebeln und die Paprika dazugeben. Wacholderbeeren, Pfefferkörner, Salz und Lorbeerblätter dazugeben, gut verrühren und schmoren lassen.

4 Weißkohl und Sauerkraut untermengen, Tomatenmark dazugeben und alles mit der Brühe ablöschen. Bei niedriger Temperatur 2 Stunden lang köcheln lassen.

5 Vor dem Servieren erneut abschmecken.

UNGARISCHES SAUERKRAUT

4 Port.

1 Std.

Leicht

Zutaten

2 Knoblauchzehen
2 Zwiebeln
je 1 rote, gelbe und grüne Paprika
2 TL Paprikapulver, edelsüß
200 ml Hühnerbrühe
750 g Sauerkraut aus der Dose
200 g durchwachsener Speck
3 EL Öl
Prise Salz, Pfeffer und Kümmel

Nährwerte p. P.

364 kcal
12 g Kohlenhydrate
13 g Eiweiß
26 g Fett

1 Zuerst die Paprika entkernen und gut waschen. Anschließend in feine Würfel schneiden.

2 Den Speck in kleine Würfel schneiden. Die geschälten Zwiebeln und die Knoblauchzehen hacken.

3 In einem Topf das Öl erhitzen und die Zwiebeln und den Speck anbraten. Paprikapulver und Kümmel hineingeben.

4 Das Sauerkraut mit Kümmel und Paprikapulver verrühren und in den Topf geben. Mit der Hühnerbrühe ablöschen.

5 Den Deckel auflegen und bei niedriger Hitze 40 Minuten schmoren lassen.

6 Abschließend salzen und pfeffern.

SARMA

4 Port.

4 Std.

Mittel

Zutaten

750 g Schweinefleisch
2 große Zwiebeln
1 EL Schmalz
12 Sauerkrautblätter
Prise Salz und Pfeffer
2 Prisen Paprikapulver
100 g Speck
10 EL Reis
2 Lorbeerblätter
100 g Mehl
1 Schuss Wasser

Nährwerte p. P.

899 kcal
59 g Kohlenhydrate
98 g Eiweiß
28 g Fett

1 Eine geschälte Zwiebel in feine Streifen schneiden. Das Fleisch in mundgerechte Stücke schneiden. Schmalz in einer Pfanne erhitzen und die Zwiebeln andünsten. Das Fleisch mit Salz und Pfeffer würzen und mit den Zwiebeln anbraten. Die Pfanne zur Seite stellen, ein bisschen Paprikapulver und Reis hineinrühren.

2 Einen beschichteten Topf mit 2 Sauerkrautblättern auslegen. Die übrigen Blätter mit dem Zwiebel-Fleisch-Gemisch belegen.

3 Die Krautblätter einschlagen und zusammenrollen. Jede Rolle (Sarma) aufrecht in einer Schüssel platzieren. In die Zwischenräume Speck und Lorbeerblätter legen. Die gesamte Schüssel muss auf diese Weise gefüllt werden. 2 Sauerkrautblätter auflegen und warmes Wasser dazugießen. Bei niedriger Stufe 3 Stunden garen. Hin und wieder durchschütteln.

4 Die zweite Zwiebel fein klein schneiden, Schmalz in einem Topf erhitzen und Mehl anschwitzen. Ein wenig Wasser dazugießen. Eine Prise Paprikapulver dazugeben und köcheln lassen. Diese Mehlschwitze in den Topf geben, so bindet sich der darin entstandene Saft.

Fingerfood/Snacks

SAUERKRAUT-BRÖTCHEN

8 Port.

20 Min.

Leicht

Zutaten

8 Brötchen
50 g Rohschinken
250 g Sauerkraut

Nährwerte p. P.

169 kcal
30 g Kohlenhydrate
6 g Eiweiß
1 g Fett

1 Das Sauerkraut in einen Topf geben und auf mittlerer Stufe zum Kochen bringen. Die Flüssigkeit einkochen und gut abkühlen lassen.

2 Die Brötchen halbieren und mit dem Sauerkraut belegen. Rohschinken darauf drapieren.

SAUERKRAUTKUCHEN

1 Port.

1 Std.
50 Min.

Mittel

Zutaten

2 Eier
200 g geriebener Käse
750 g Kloßteig aus dem Kühlregal
1 große Dose Sauerkraut
250 g Schinkenspeckwürfel
100 ml Milch
200 ml Sahne
Pfeffer
Prise Zucker

Nährwerte p. P.

3968 kcal
347 g Kohlenhydrate
182 g Eiweiß
195 g Fett

1 Ein Auflaufblech mit Backpapier auskleiden. Den Teig darauf verteilen und mit den Fingern andrücken. 125 g Speckwürfel auf dem Teig verteilen und ebenfalls andrücken.

2 Das Sauerkraut gut ausdrücken und etwas zerrupft auf dem Speck verteilen. Nun den Rest der Speckwürfel auf dem Sauerkraut verteilen. Alles ein wenig andrücken.

3 Milch, Eier, Sahne, Salz und Zucker vermengen. Pfeffer direkt auf das Sauerkraut geben. Die angerührte Mischung darübergießen und für 1 Stunde stehen lassen.

4 Den Backofen auf 180 °C Ober-/Unterhitze vorheizen. Die komplette Käsepackung über das Sauerkraut geben und 30 Minuten backen.

5 Den Kuchen auf einem Gitter abkühlen lassen und danach in Stücke schneiden.

GERMLAIBCHEN

12 Port.

1 Std. 25 Min.

Leicht

Zutaten

500 g Mehl
21 g Germ
Prise Salz und Pfeffer
1 Ei
325 ml lauwarmes Wasser
1 Zwiebel
400 g Sauerkraut

Nährwerte p. P.

156 kcal
30 g Kohlenhydrate
4 g Eiweiß
1 g Fett

1 Germ in lauwarmem Wasser auflösen lassen. 1 TL Salz und Mehl dazugeben und verkneten. Zudecken und 30 Minuten an einem warmen Ort aufgehen lassen.

2 Geschälte Zwiebel klein würfeln. In einer Pfanne anrösten. Sauerkraut abtropfen lassen, Zwiebeln untermengen. Salzen und pfeffern.

3 Den Backofen bei Ober-/Unterhitze auf 180 °C vorheizen.

4 Teig einmal durchkneten und eine Rolle daraus formen. 12 Portionen abzwicken und zu Kreisen plattdrücken.

5 Sauerkraut auf den Portionen verteilen, verschließen und zu kleinen Laibchen formen.

6 Ein Backblech mit Backpapier auslegen und die Laibchen darauf verteilen. Das Ei verquirlen und die Kugeln damit bestreichen. 25 Minuten backen.

SAUERKRAUT-MUFFINS

 12 Port.
 30 Min.
 Leicht

Zutaten

160 g Mais, gemahlen
200 g gemahlener Buchweizen
250 g Sauerkraut
450 ml Mineralwasser
½ Zwiebel
1 Pck. Backpulver
1 TL Zucker
1 TL Salz
20 Pfefferkörner, gemörsert
Fett

Nährwerte p. P.

466 kcal
87 g Kohlenhydrate
13 g Eiweiß
3 g Fett

1 Die gesamten trockenen Zutaten miteinander vermischen und ca. 220 ml Mineralwasser dazugeben.

2 Das Sauerkraut klein schneiden, die Zwiebel fein hacken und bei beidem den Saft ausdrücken. Anschließend zum Teig geben und sehr gut miteinander verrühren.

3 Nach und nach das restliche Mineralwasser hineingeben.

4 Die Muffinform einfetten und den Teig verteilen.

5 In den nicht vorgeheizten Backofen stellen und für 40 Minuten bei 140 °C Umluft backen.

SAUERKRAUTBÄLLCHEN

4 Port.

15 Min.

Leicht

Zutaten

1 Zwiebel
400 g Sauerkraut
10 g frische Petersilie
6 EL Paniermehl
6 EL Mehl
500 ml Öl
100 g zarte Haferflocken
100 g Speckstreifen
Pfeffer, Salz
1 Ei

Nährwerte p. P.

1294 kcal
28 g Kohlenhydrate
12 g Eiweiß
124 g Fett

1 Die geschälte Zwiebel halbieren und fein würfeln. Die gewaschene Petersilie fein hacken. Das Sauerkraut ausdrücken und klein schneiden.

2 Haferflocken, Petersilie, Sauerkraut, Zwiebeln und Speck vermengen und mit Salz und Pfeffer würzen.

3 Zwei tiefe Teller dazunehmen, einen mit Paniermehl füllen und auf dem anderen das Ei verquirlen. Einen dritten Teller mit Mehl füllen.

4 Eine Pfanne mit Öl füllen, bis 2 cm erreicht sind, und auf höchster Stufe erhitzen.

5 Bällchen formen und in Mehl, Ei und Paniermehl wenden. Im Frittieröl 4 Minuten ausbacken und anschließend auf ein Küchenpapier legen.

PASTRAMI-SAUERKRAUT-SANDWICH

2 Port.

20 Min.

Leicht

Zutaten

4 Scheiben Bergkäse
40 g Sauerkraut
4 Scheiben Vollkorn-toast
6 Scheiben Pastrami
1 EL Sesam
4 TL weiche Butter
2 EL Thousand-Islands-Dressing
Pfeffer

Nährwerte p. P.

377 kcal
19 g Kohlenhydrate
19 g Eiweiß
24 g Fett

1 Das Sauerkraut ausdrücken. Butter auf die Toastbrot-Scheiben streichen und Sesam darüberstreuen. Zwei der Toast-Scheiben mit der Butter-Seite nach unten legen.

2 Jeweils eine Käsescheibe darauflegen und 3 Scheiben Pastrami darüberlegen. Die Hälfte des Sauerkrauts auf jede Toastscheibe geben und je 1 EL Dressing darübergeben.

3 Pfeffern und den übrigen Käse auflegen. Die restlichen Toast-Scheiben darauflegen – hierbei die Butterseite nach oben zeigen lassen.

4 Den Sandwichmaker heiß werden lassen und die Sandwiches darin 4 Minuten backen lassen, alternativ in einer Pfanne ausbacken. Hierbei einen Teller zum Beschweren auflegen.

5 Diagonal durchschneiden.

FLAMMKUCHEN MIT SAUERKRAUT, APFEL UND BLUTWURST

2 Port.

45 Min.

Leicht

Zutaten

300 g Mehl
¼ Würfel Hefe
200 g Schmand
½ TL Zucker
3 EL Öl
½ Beutel Weinsauerkraut
1 Apfel
200 g Blutwurst
1 ½ TL getrockneter Majoran
Salz und Pfeffer

Nährwerte p. P.

1071 kcal
123 g Kohlenhydrate
31 g Eiweiß
48 g Fett

1 Die Hefe zerbröseln und mit dem Zucker vermengen.

2 In einer Schüssel Öl, Mehl, ¼ TL Salz und 175 ml lauwarmes Wasser vermengen und die flüssige Hefe hinzufügen. Alles zu einem glatten Teig verarbeiten. Ein Geschirrtuch darüberlegen und 30 Minuten an einem warmen Ort aufgehen lassen.

3 Den Schmand mit Salz und Pfeffer abschmecken. Das Sauerkraut gut ausdrücken und mit Majoran vermengen. Den Apfel entkernen und in dünne Scheiben schneiden. Die Blutwurst ebenfalls in Scheiben schneiden.

4 Den Backofen auf 250 °C Ober-/Unterhitze vorheizen.

5 Backpapier auf ein Backblech legen. Den Teig in 2 Portionen teilen. Eine Portion auf das Backblech legen und ganz dünn zu einem Oval ausrollen. Die Hälfte des Schmands darauf verteilen. Die Hälfte der Apfelspalten, des Sauerkrauts und der Blutwurst darüberlegen.

6 Auf der untersten Schiene 11 Minuten backen.

7 Mit dem zweiten Teig genauso verfahren.

SAUERKRAUT-WRAPS

4 Port.

35 Min.

Leicht

Zutaten

1 Zwiebel
16 Nürnberger Rostbratwürste
200 g saure Sahne
6 Stiele Petersilie
850 ml Sauerkraut
200 ml Gemüsebrühe
Salz und Pfeffer
2 EL Limettensaft
Cayennepfeffer und Kreuzkümmel
1 Pck. Soft Tacos
1 EL Speisestärke
Holzspieße

Nährwerte p. P.

996 kcal
7 g Kohlenhydrate
47 g Eiweiß
84 g Fett

1 Die Würstchen ohne Fett in einer Pfanne langsam anbraten.

2 Die geschälte Zwiebel in Streifen schneiden, die Petersilienblätter abzupfen und hacken.

3 Die Sahne mit Limettensaft, Salz und Pfeffer abschmecken. Petersilie untermengen.

4 Die Würstchen herausnehmen und die Zwiebelstreifen im Bratenfett andünsten. Das Sauerkraut ausdrücken und zu den Zwiebeln geben. Die Brühe dazugießen und aufkochen lassen. Mit Cayennepfeffer und Kreuzkümmel gut würzen. Die Stärke in 3 EL Wasser auflösen und zum Sauerkraut geben.

5 Die Würstchen wieder zurück in die Pfanne geben und den Deckel auflegen. 5 Minuten köcheln lassen.

6 Die Tacos in einer weiteren Pfanne ohne Fett ein wenig anrösten. Anschließend mit Würstchen und Kraut belegen, aufrollen und mit einem Holzspieß zusammenstecken.

7 Mit dem Sahnedip genießen.

LACHSRÖLLCHEN MIT ANANAS UND SAUERKRAUT

4 Port.

30 Min.

Leicht

Zutaten

300 g Sauerkraut aus der Dose
1 Spalte Ananas
10 Scheiben Räucherlachs
½ Bund Petersilie

Nährwerte p. P.

180 kcal
6 g Kohlenhydrate
16 g Eiweiß
10 g Fett

1 Die Ananas schälen, den Strunk entfernen und den Rest würfeln.

2 Die Petersilienblätter hacken.

3 Das Sauerkraut mit der Petersilie und den Ananaswürfeln vermengen. Auf jede Lachsscheibe ein wenig davon geben und aufrollen.

LEBERKÄSBROT MIT SAUERKRAUT

 2 Port.  15 Min.  Leicht

Zutaten

2 EL Öl
1 Dose Sauerkraut
2 Scheiben Graubrot
¼ Bund Schnittlauch
2 Scheiben Leberkäse
3 EL Schmand
1 ½ EL Honig
2 EL süßer Senf
Salz und Pfeffer

Nährwerte p. P.

743 kcal
32 g Kohlenhydrate
24 g Eiweiß
56 g Fett

1 Das Sauerkraut gut ausdrücken und mit 1 EL Öl in einem Topf für 2 Minuten braten.

2 1 EL Öl erhitzen und den Leberkäse rundherum anbraten.

3 Den Schnittlauch in feine Röllchen schneiden. 2 EL Senf auf den Graubrot-Scheiben verteilen.

4 3 EL Schmand und den Honig mit dem Sauerkraut vermengen, salzen und pfeffern.

5 Den Leberkäse jeweils in 3 Streifen schneiden und das Brot damit belegen. Sauerkraut darauf verteilen und mit Schnittlauch garnieren.

NÜRNBERGER SANDWICH

 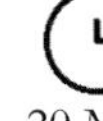  

4 Port. 20 Min. Leicht

Zutaten

10 Nürnberger Würstchen
4 Scheiben Mischbrot
125 g geriebener Emmentaler
Paprikapulver, edelsüß
Öl
1 Dose Sauerkraut
4 EL Thousand-Island-Dressing
Glatte Petersilie

Nährwerte p. P.

537 kcal
12 g Kohlenhydrate
24 g Eiweiß
43 g Fett

1 Die Brotscheiben mit Öl bepinseln und im Backofen bei Grillfunktion rösten.

2 Das Sauerkraut mit dem Dressing vermengen. Die Würstchen längs halbieren. 1 EL Öl in einer Pfanne erhitzen und die Würstchen darin anbraten.

3 Das Sauerkraut auf den Brotscheiben verteilen und die Würstchen darauf drapieren. Den Emmentaler darüberstreuen.

4 Erneut die Grillfunktion einstellen und die Brote auf der untersten Schiene backen, bis der Käse zerlaufen ist.

5 Paprikapulver darüberstreuen und die gehackte Petersilie darauf drapieren. Mit Dressing servieren.

KRAUTSCHNECKEN

4 Port.

40 Min.

Leicht

Zutaten

1 Pck. Pizzateig
150 g Schmand
150 g Rotkohl
150 g Sauerkraut
130 g geriebener Emmentaler
80 g gehackte Walnüsse
Salz, Pfeffer, Muskatnuss

Nährwerte p. P.

1090 kcal
44 g Kohlenhydrate
33 g Eiweiß
85 g Fett

1 Den Schmand mit Pfeffer, Salz und Muskatnuss würzen und auf dem Pizzateig verteilen. Die Walnüsse darauf verteilen.

2 Eine Hälfte des Teiges mit Sauerkraut und die andere Hälfte mit Rotkohl belegen. Den geriebenen Emmentaler darüberstreuen. Den Teig aufrollen und in Scheiben schneiden.

3 Den Backofen auf 200 °C Umluft vorheizen. Die Schnecken auf ein Backblech legen und 15 Minuten backen.

SAUERKRAUTSTANGEN

4 Port.

45 Min.

Leicht

Zutaten

200 g geriebener Cheddar
2 Pck. Blätterteig aus dem Kühlregal
2 Zwiebeln
1 Ei
200 g gekochter Schinken
200 g Sauerkraut
Sesam
Öl

Nährwerte p. P.

981 kcal
41 g Kohlenhydrate
55 g Eiweiß
64 g Fett

1 Die Zwiebeln und den Schinken würfeln. Mit ein wenig Öl in einer Pfanne anbraten.

2 Eine Blätterteigrolle auf einem Backblech ausrollen. Das Sauerkraut darauf verteilen und die Zwiebel-Schinken-Mischung darübergeben. Mit dem Käse bestreuen.

3 Die andere Blätterteigrolle darüberlegen. Ein Ei verquirlen und die Blätterteigrolle bestreichen.

4 Die Stangen schneiden und einmal verdrehen. Mit Sesam bestreuen.

5 Den Backofen auf 180 °C Ober-/Unterhitze vorheizen. 20-30 Minuten backen.

SAUERKRAUTTASCHEN

8 Port.

1 Std.
20 Min.

Leicht

Zutaten

1 Dose Sauerkraut
300 g TK-Blätterteig
1 EL Gänseschmalz
1 Zwiebel
1 TL Kümmelkörner
2 Eier
1 Apfel
3 Stiele Petersilie
75 ml Gemüsebrühe
2 EL Schmand

Nährwerte p. P.

223 kcal
20 g Kohlenhydrate
4 g Eiweiß
12 g Fett

1 Jeweils 2 Blätterteigscheiben aufeinanderlegen und auf eine bemehlte Fläche geben. Das Kraut ausdrücken, die geschälte Zwiebel fein würfeln.

2 In einem Topf den Gänseschmalz erhitzen und die Zwiebelwürfel andünsten. Die Brühe und das Kraut hinzufügen und ohne Deckel bei mittlerer Hitze köcheln lassen. Die Flüssigkeit komplett verdampfen und anschließend gut auskühlen lassen.

3 Den Backofen auf 200 °C Ober-/Unterhitze vorheizen.

4 Den Apfel entkernen und in Würfel schneiden. Die Petersilie klein hacken und die Teigplatten diagonal halbieren. Die 4 Stücke anschließend zu einem Rechteck ausrollen und nochmals diagonal durchschneiden.

5 Ein Ei mit Kümmel, Petersilie, Apfel, Schmand und Kraut vermengen und die eine Hälfte der Platten damit belegen. 1 cm aussparen. Wasser auf die Ränder geben und die Platte zusammenklappen. Mit einer Gabel festdrücken.

6 Ein Backblech mit Backpapier auslegen und die Taschen darauf verteilen. Das übrige Ei verquirlen und die Taschen damit bestreichen. 20 Minuten backen.

Desserts

SAUERKRAUT-EIS

6 Port.

45 Min.

Mittel

Zutaten

150 g Sauerkraut
500 g Äpfel
150 g Zucker
200 ml Sauerkrautsaft
2 EL Calvados
100 g saure Sahne
6 Scheiben durchwachsener Speck
150 g Mascarpone

Nährwerte p. P.

347 kcal
36 g Kohlenhydrate
5 g Eiweiß
18 g Fett

1 Den Backofen auf 220 °C Ober-/Unterhitze vorheizen.

2 Die geschälten Äpfel entkernen und in Würfel schneiden. Sauerkrautsaft, Sauerkraut, Zucker und Apfelwürfel in einen Topf geben, zudecken und aufkochen lassen. Die Hitze auf die Hälfte reduzieren und 15 Minuten weiter köcheln lassen. Anschließend pürieren und gut auskühlen lassen.

3 Sahne, Mascarpone und Calvados vermengen und zum Apfelpüree geben. Für eine halbe Stunde in die Eismaschine geben und 1 Stunde ins Gefrierfach stellen.

4 Ein Backblech mit Backpapier auslegen und die Speckscheiben darauf verteilen. Erneut Backpapier auflegen und ein 2. Blech daraufstellen. 19 Minuten backen und mit dem Eis servieren.

SCHOKOLADEN-SAUERKRAUT-KUCHEN

12 Port.

1 Std. 20 Min.

Mittel

Zutaten

150 g Sauerkraut
80 g Kokosblütenzucker
140 g Dinkelmehl
1 TL Vanillepaste
50 g Margarine
65 g Kakaopulver
1 TL Backpulver
300 ml Haferdrink
½ TL Natron
1 TL Weißweinessig
Prise Meersalz
1 EL Kokosöl
100 g dunkle Schokolade
1 Handvoll Cashewnüsse

Nährwerte p. P.

202 kcal
21 g Kohlenhydrate
4 g Eiweiß
11 g Fett

1 Den Backofen auf 170 °C Ober-/Unterhitze vorheizen.

2 Das Kraut kräftig ausdrücken und klein schneiden.

3 Kokosblütenzucker, Vanillepaste und Margarine miteinander verrühren. Mehl, Kakao, Natron, Backpulver und Salz verrühren. Margarine-Mischung, Mehlmischung und Sauerkraut zusammenfügen und verrühren. Essig und Haferdrink unterrühren und den Teig in eine eingefettete Kastenform füllen. 50 Minuten backen.

4 Kokosöl und Schokolade im Wasserbad zum Schmelzen bringen. Auf dem Kuchen verteilen und die Nüsse darauf drapieren.

Getränke

SAUERKRAUTSAFT

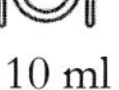

110 ml | 5 Min. | Leicht

Zutaten

150 g Sauerkraut, roh

Nährwerte p. P.

28 kcal
0 g Kohlenhydrate
2 g Eiweiß
1 g Fett

1 Sauerkraut schrittweise in den Entsafter geben und so lange pressen, bis kein Tropfen mehr austritt.

2 Der Saft ist nun maximal 24 Stunden gekühlt haltbar.

SAUERKRAUT-SANDDORN-MIX

1 Port.

5 Min.

Leicht

Zutaten

100 ml Sauerkrautsaft
40 ml Sanddornsaft
2 Stiele Zitronenmelisse
100 ml Mineralwasser mit Kohlensäure
Eiswürfel

Nährwerte p. P.

85 kcal
12 g Kohlenhydrate
0 g Eiweiß
3 g Fett

1 Die beiden Säfte mit 2 Eiswürfeln in einem gut verschlossenen Gefäß durchschütteln. In ein Glas geben und mit Mineralwasser aufgießen.

2 Die Melissenblättchen abzupfen und den Drink garnieren.

MÖHREN-SAUERKRAUT-DRINK

1 Port.

2 Min.

Leicht

Zutaten

100 ml Sauerkrautsaft
200 ml Karottensaft
1 lange Möhrenscheibe
Salz und Pfeffer

Nährwerte p. P.

60 kcal
11 g Kohlenhydrate
3 g Eiweiß
0 g Fett

1 Beide Säfte mischen und mit Salz und Pfeffer würzen. Mit der Möhrenscheibe garnieren.

QUITTEN-SAUERKRAUT-DRINK

4 Port. 5 Min. Leicht

Zutaten

500 ml Sauerkrautsaft
3 Quitten
60 ml Mineralwasser

Nährwerte p. P.

25 kcal
1 g Kohlenhydrate
1 g Eiweiß
0 g Fett

1 Die Quitten entkernen und grob in Stücke schneiden, anschließend entsaften.

2 Sauerkrautsaft und Quittensaft miteinander verrühren und auf die 4 Gläser verteilen. Mit Mineralwasser aufgießen.

MARTINI MIT SAUERKRAUT

1 Port.

5 Min.

Leicht

Zutaten

45 ml Wodka
90 ml Sauerkrautsaft
Eiswürfel

Nährwerte p. P.

120 kcal
0 g Kohlenhydrate
0 g Eiweiß
0 g Fett

1 Wodka mit Sauerkrautsaft verrühren und mit 2 Eiswürfeln in einen Shaker geben.

2 1 Minute durchgehend kräftig schütteln.